ひげの梶さん　歴史文学探歩シリーズ❸

ひげの梶さんと

…広島県内コース 西国街道を歩こう!

●梶本　晃司（歴史文学探歩会 主宰）
●蒲田　知美（イラスト）

南々社

コース1
広島ご城下から海田まで

コース2
海田から瀬野まで

コース3
瀬野から八本松まで

コース4
八本松から四日市（西条）まで

コース5
四日市（西条）から竹原・田万里まで

コース6
竹原・田万里から本郷まで

コース7
本郷から三原ご城下まで

コース8
三原ご城下から尾道まで

コース9
尾道から今津（松永）まで

コース10
今津（松永）から備後赤坂まで

コース11
備後赤坂から神辺まで

コース12
広島ご城下から草津まで

コース13
草津から廿日市まで

コース14
廿日市から津和野岐れまで

コース15
津和野岐れから大野浦まで

コース16
大野浦から玖波・苦の坂入口まで

コース17
苦の坂入口から木野川の渡しまで

街道ウォーキングを楽しもう！

江戸時代の西国街道（旧山陽道）が残っている！

元安橋畔の道路元標碑

元安橋

西国を結ぶ重要な道

これから私たちが歩こう！としています西国街道は、中世まで九州大宰府と都とを結ぶ重要な道でしたが、江戸時代、徳川幕府が江戸に開かれたため、交通の要は移動し、江戸を中心とした五街道の中に入ることはありませんでした。しかし、西国を結ぶ重要な道であることに変わりはありませんでした。中国街道・中国路とも言われていましたが、広島藩ではとくに西国街道とよんでいたようです。

参勤交代で西国の諸大名が、また、長崎奉行や幕府の要人たちが往来する道として五街道に準じて整備されました。慶長５（１６００）年、関ヶ原の合戦に勝った徳川家康は、全国支配への基礎を固めて、翌慶長６年から積極的な交通政策に着手していきます。

まずは東海道に宿駅（宿場）を設定し、伝馬の負担数とその負担数に対する屋敷地

お社めぐりも楽しみのひとつ

里山気分を味わいながら

の下付などを指示。輸送に従事する馬方や人足を一定の場所に限定して公的な輸送機関としての伝馬制度を整えていきます。東海道に続いては中山道。この東海道と中山道は慶長8（1603）年、家康が征夷大将軍となり江戸に幕府を開きますと、当然、幕府の道となっていくわけであります。整備にはかなりの年月を要しましたが、日光道中（街道）、奥州道中（街道）、甲州道中（街道）も続いて定められ、のちに五街道とよばれました。

広島県内の宿場は、10宿

寛永10（1633）年、諸国の政情を視察のためにまわってくる大名家にとってはこわい幕府巡見使の浅野家御領内通行や、参勤交代制度の確立などをきっかけにして街道は整えられていきます。街道の道幅は、2間半（約4.5ｍ）。1里（約4㎞）ごとに一里塚も設けられました。広島県内の宿場は10宿。東から神辺《かんなべ》・今津・尾道・三原・本郷・四日市（西条）・海田・広島ご城下・廿日市・玖波でした。

　街道は国道2号の近くに残ってはいますが、消えてしまいそうなところもたくさんあります。ですから、西国街道の小さな旅をおひとりでも多くの方に楽しんでいただきたいのです。皆さんが歩くことで、道は、その命を少しでもながらえることができるように思うからです。

本書のコース設定

西国街道、東へ西へ。
広島ご城下の出発点は、元安川に架かる橋の畔から

西国街道の旅をはじめましょう。広島県内のコースは広島ご城下、街道の元標があります元安川に架かる橋の畔から、東へ、西へと振り分けて歩くことにいたします。

元安橋は、太田川の水運の便もあって、ご城下の中心になっていました。幕府の発した法令や、犯罪人の手配などを提示した立て札が置かれた高札場《こうさつば》や、馬継場もありました。そこで、広島からの里程はすべてこの地点から起算されていました。

今も、レストハウスから元安橋を本通り方向に渡りますと、すぐ左側、植込みの中に広島市道路元標（広島県里程元標）の案内板と元標の石柱を見ることができます。本書は広島県内版ですので、私たちは、ここ元安川の元標から旅をはじめたいと思います。

もちろん、17に分けたコースのどこから歩いても楽しいようにご紹介したつもりですので、ご都合のよいコースからお楽しみいただいてもよろしいかと思います。

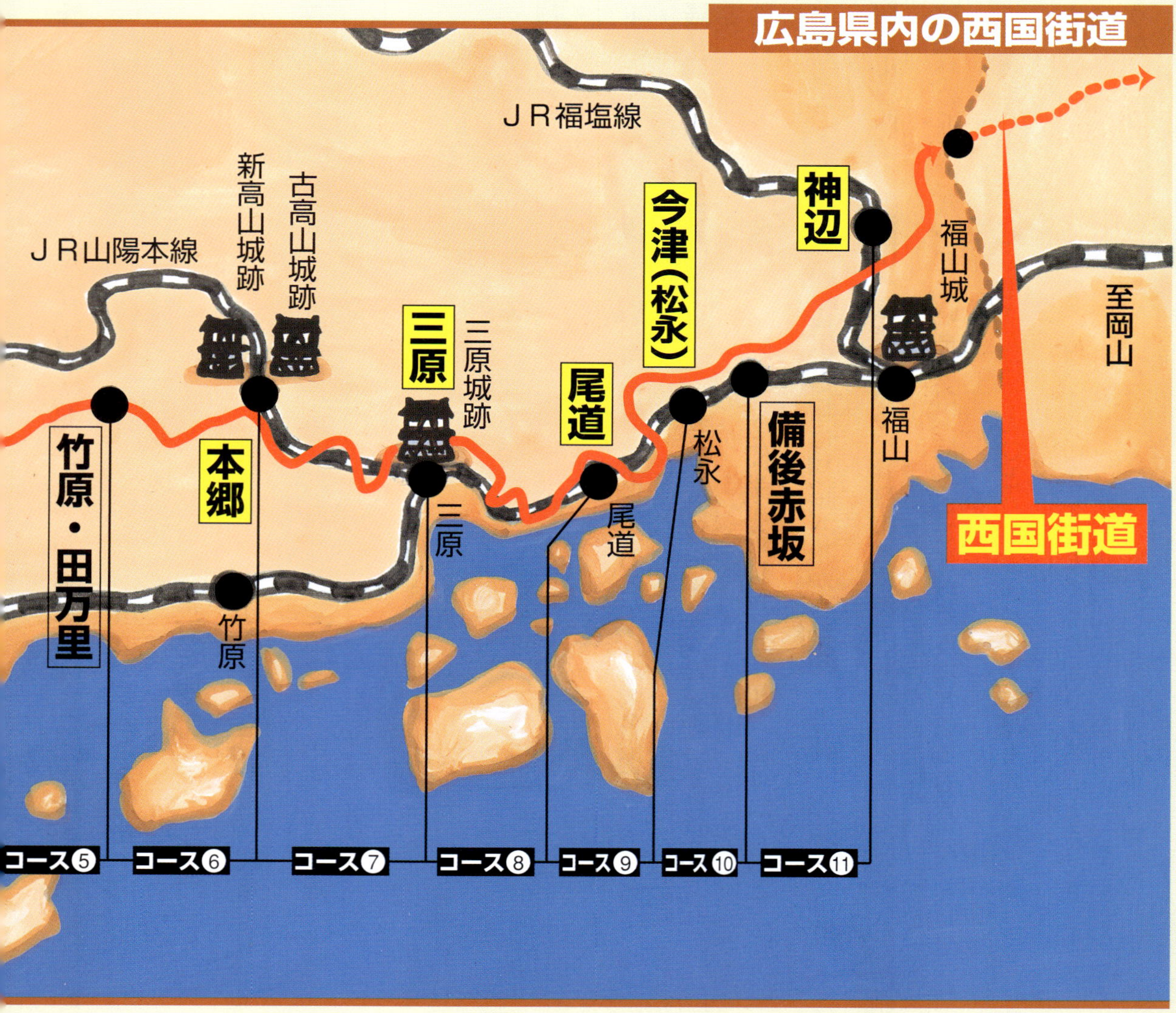

無理のない日帰りコースを設定

コースの設定は、朝9時から10時ごろの間にスタートしましたら、午後の4時か5時ごろ到着できるよう考えてみました。

これは私の歴史探歩会において史跡のひとつひとつに立ち止まってお話をしながらでも到着できる距離になっていますので、決して一日の探歩コースとして無理な道のりではありません。さあ！元気よく街道の旅に、いざ！出発！

西国街道（京都から下関まで）の宿場町

京都→伏見→淀→山崎→芥川→郡山→瀬川→昆陽《こや》→西宮→兵庫→明石→加古川→御着《ごちゃく》→姫路→鵤《いかるが》→正条《しょうじょう》→片島→有年《うね》→三石→片山→藤井→岡山→板倉→川辺→矢掛→七日市→高屋《たかや》→神辺《かんなべ》→今津→尾道→三原→本郷→四日市（西条）→海田→広島→廿日市→玖波《くば》→関戸→御庄《みしょう》→玖波本郷→高森→今市→呼坂《よびさか》→久保市→花岡→徳山→富田《とんだ》→福川→富海《とのみ》→宮市→小郡→山中→船木→厚狭市《あさいち》→吉田→小月《おづき》→長府→下関

（黄色で）囲まれた宿場は、広島県内の宿場

ひげの梶さん　歴史文学探歩シリーズ❸

ひげの梶さんと 西国街道を歩こう!

広島県内コース

※本書のイラスト図は、正確さを厳密に追求しておりません。筆者が詳しく紹介したい場所があれば、実際の歩行時間にとらわれないスペースどりをしています。

目次

街道ウォーキングを楽しもう!……2
江戸時代の西国街道(旧山陽道)が残っている!

本書のコース設定……4
西国街道、東へ西へ。広島ご城下の出発点は、元安川に架かる橋の畔から

先人の著作と探歩会メンバーの熱気に誘発されて……8

西国街道　東コース

コース1　広島ご城下から海田まで……10
コース2　海田から瀬野まで……24
コース3　瀬野から八本松まで……36
コース4　八本松から四日市（西条）まで……44
コース5　四日市（西条）から竹原・田万里まで……52
コース6　竹原・田万里から本郷まで……64
コース7　本郷から三原ご城下まで……76
コース8　三原ご城下から尾道まで……88
コース9　尾道から今津（松永）まで……98
コース10　今津（松永）から備後赤坂まで……110
コース11　備後赤坂から神辺まで……116

梶本　晃司
（ひげの梶さん
歴史文学探歩会　主宰）

蒲田　知美
（イラスト）

西国街道 西コース

コース12 広島ご城下から草津まで……128
コース13 草津から廿日市まで……140
コース14 廿日市から津和野岐れまで……148
コース15 津和野岐れから大野浦まで……160
コース16 大野浦から玖波・苦の坂入口まで……172
コース17 苦の坂入口から木野川の渡しまで……184
ひげの梶さん歴史文学探歩会とは……190

ひげの梶さん 西国街道 もの知りコラム

コラム❶ 東京・日本橋、京都・三条大橋は、国内諸街道の基点……8
コラム❷ 旅に出るならお寺と大家さんは大切に・・・……35
コラム❸ 徳川家康から街道の整備を命じられたのは石見銀山奉行の大久保長安！……43
コラム❹ お薬師さま……50
コラム❺ 観音さま……50
コラム❻ お地蔵さま　ふたりの王さま……73
コラム❼ 小早川家の祖・土肥実平……75
コラム❽ そよ吹く風、そぼ降る雨夜に、波間に飛びかうように現れては消える“たくろうの火”伝説……97
コラム❾ 尾道は海の宿場……106
コラム❿ 地神……125
コラム⓫ 己斐は鯉と書かれた時代があったのです……135
コラム⓬ 街道松とは……136
コラム⓭ お地蔵さま❶ 道しるべのお地蔵さま……137
コラム⓮ お地蔵さま❷ 火防《ひぶせ》のお地蔵さま……146
コラム⓯ 光禅寺門信徒も向かった石山の合戦……147
コラム⓰ 厳島合戦……157
コラム⓱ 応龍山《おうりゅうざん》　洞雲寺《とううんじ》……158
コラム⓲ お地蔵さま❸ お閻魔さま、ふり返るとお地蔵さま……169
コラム⓳ 大野の五人兄弟……170
コラム⓴ イワシ漁……182

先人の著作と探歩会メンバーの熱気に誘発されて

東京を中心に30余年続けてまいりました「ひげの梶さん歴史文学探歩会」には、ご縁あって広島メンバーの会が生まれ、毎月、定例歴史探歩会が開催されています。

里山ハイキング、いいえ！
この道が参勤交代のお殿様も通った西国街道なのです

第1回は、平成12（2000）年6月に、「神の島・宮島歴史探歩」と題して厳島神社を中心に探歩しました。そのころ、私は広島の図書館で今は絶版になっています『山陽路四十八次』という本に出合いました。中国新聞紙上に昭和45（1970）年5月から46（1971）年6月まで「旧山陽道四十八次」として連載されたものに一部補筆されて新人物往来社から出版された本でした。

下関から大阪までを足で踏査して書かれた本には、随所に、江戸時代は宝暦年間末（1760年頃）に作られた毛利藩士・有馬喜惣太の『中国行程記』や、文政8（1825）年にできた広島藩領の地誌『芸藩通志』の記述が紹介され、楽しいものでした。

本書『西国街道を歩こう！』は、これら先人の著作と、元気いっぱい！一緒に歩いてくださる探歩会メンバーの皆さんの熱気に誘発されて生まれたものです。

ひげの梶さん　西国街道　ものしりコラム　1

東京・日本橋、京都・三条大橋は、国内諸街道の基点

東京は日本橋、その橋の中央に「日本国道路元標」と刻まれた真鍮《しんちゅう》板が埋めこまれていることに気づく人はほとんどいません。もちろん車の通行量の多い橋の中央に立ったら、たいへん危険なのですが、私の日曜日に開催される歴史探歩会では、命がけ!?でみなさんに確認してもらっています。

明治政府は江戸時代以来の伝統を引きついで、明治6（1873）年、「東京は日本橋、京都は三条大橋の中央をもって、国内諸街道の元標」と定めました。その元標が、日本橋上・道路中央の真鍮板なのです。

幕府が江戸に置かれたために西国街道は、江戸中心の五街道の中には入りませんでしたが、下関そして九州へむかう道としてとても重要な道でした。

西国街道 東コース

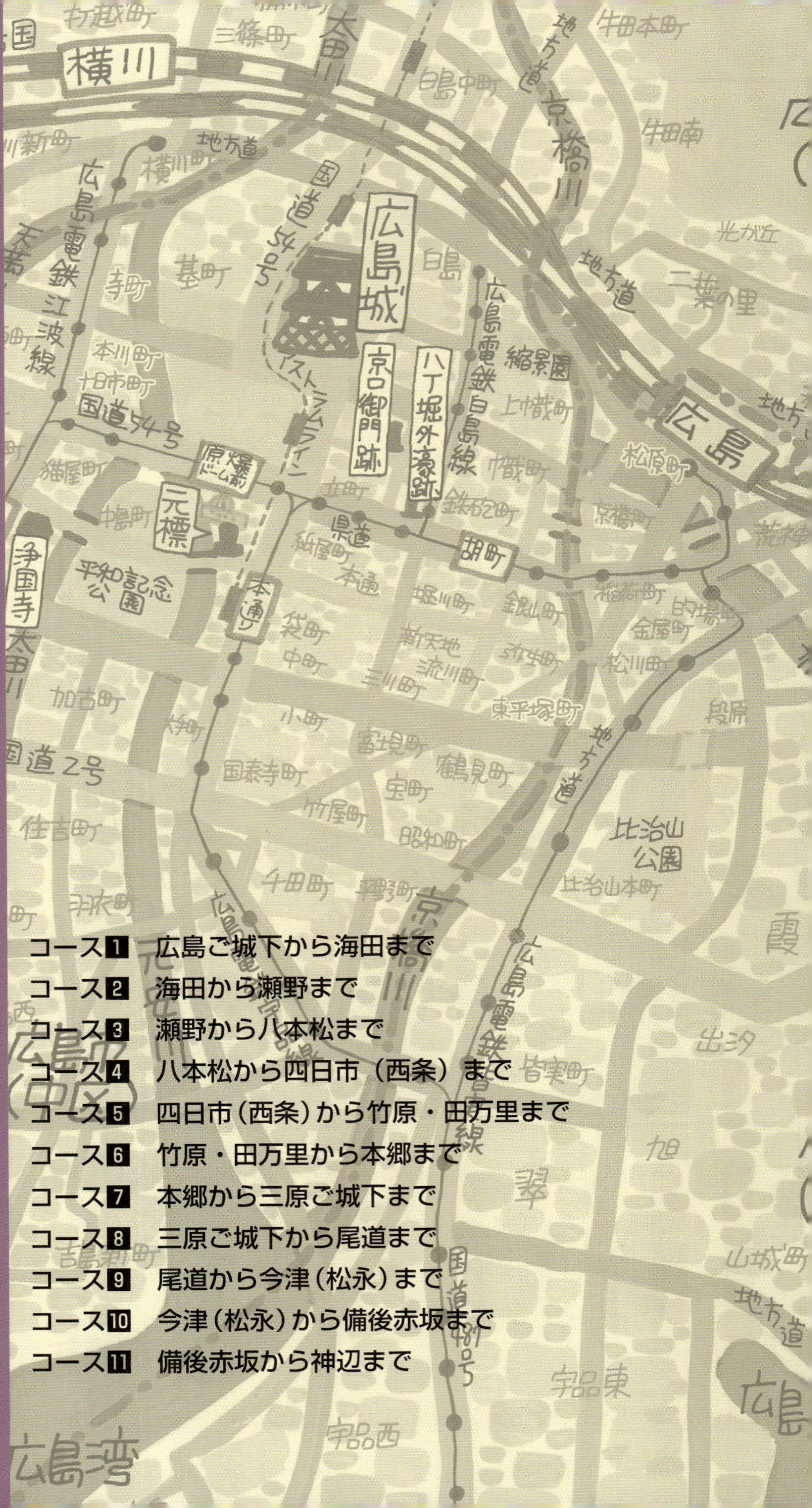
横川
三篠町
白島中町
牛田本町
牛田南
地方道
京橋川
横川新町
広島電鉄江波線
国道54号
広島城
白島
寺町
基町
本川町
十日市町
原爆ドーム前
元標
猫屋町
中島町
平和記念公園
浄国寺
本通り
京口御門跡
八丁堀外濠跡
広島電鉄白島線
縮景園
上幟町
中幟町
鉄砲町
胡町
県道
紙屋町
本通
袋町
中町
堀川町
銀山町
新天地
流川町
三川町
弥生町
東平塚町
光が丘
二葉の里
広島
松原町
京橋町
稲荷町
的場町
金屋町
松川町
段原
加古町
国道2号
小町
富士見町
国泰寺町
鶴見町
宝町
竹屋町
昭和町
住吉町
比治山公園
比治山本町
千田町
平野町
羽衣町
霞
出汐
皆実町
旭
翠
山城町
宇品東
宇品西
広島湾

ひげの梶さん おすすめポイント

元標 ◀ 本通り ◀ 京橋 ◀ 猿猴橋 ◀ 愛宕神社 ◀ 三本松 ◀ 才蔵寺 ◀ 一里塚跡

コース1 広島ご城下から海田まで

『西国街道を歩こう‼広島県内コース』は、元安川畔の道路元標から東へ、西への振り分け道中。さあ！東への旅のはじまりです。今日は海田宿までを歩きます。西国街道は、本通り商店街を抜けて進みます。

10～23ページ

コース❶ 全体図

買物客で賑わう本通り。実は西国街道なのです

交通アクセス

元安橋からスタート。終着は海田、ＪＲ海田市駅から電車に乗ることになります。

●JR「海田市駅」
☎082-822-2001

恵比須神社 ◀ 船越地蔵 ◀ 船越峠 ◀ 常夜燈 ◀ 一里塚跡

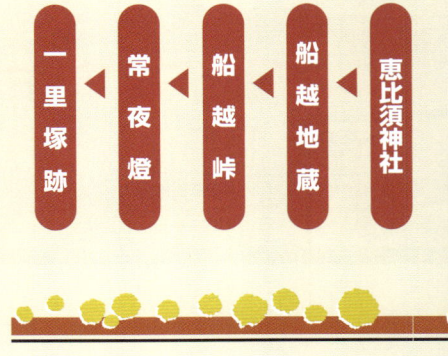

コース❶

A 元安橋の元標を起点に、本通りを抜け、京橋へ

元標 ◀ 本通り ◀ 京橋

元安橋畔のレストハウス

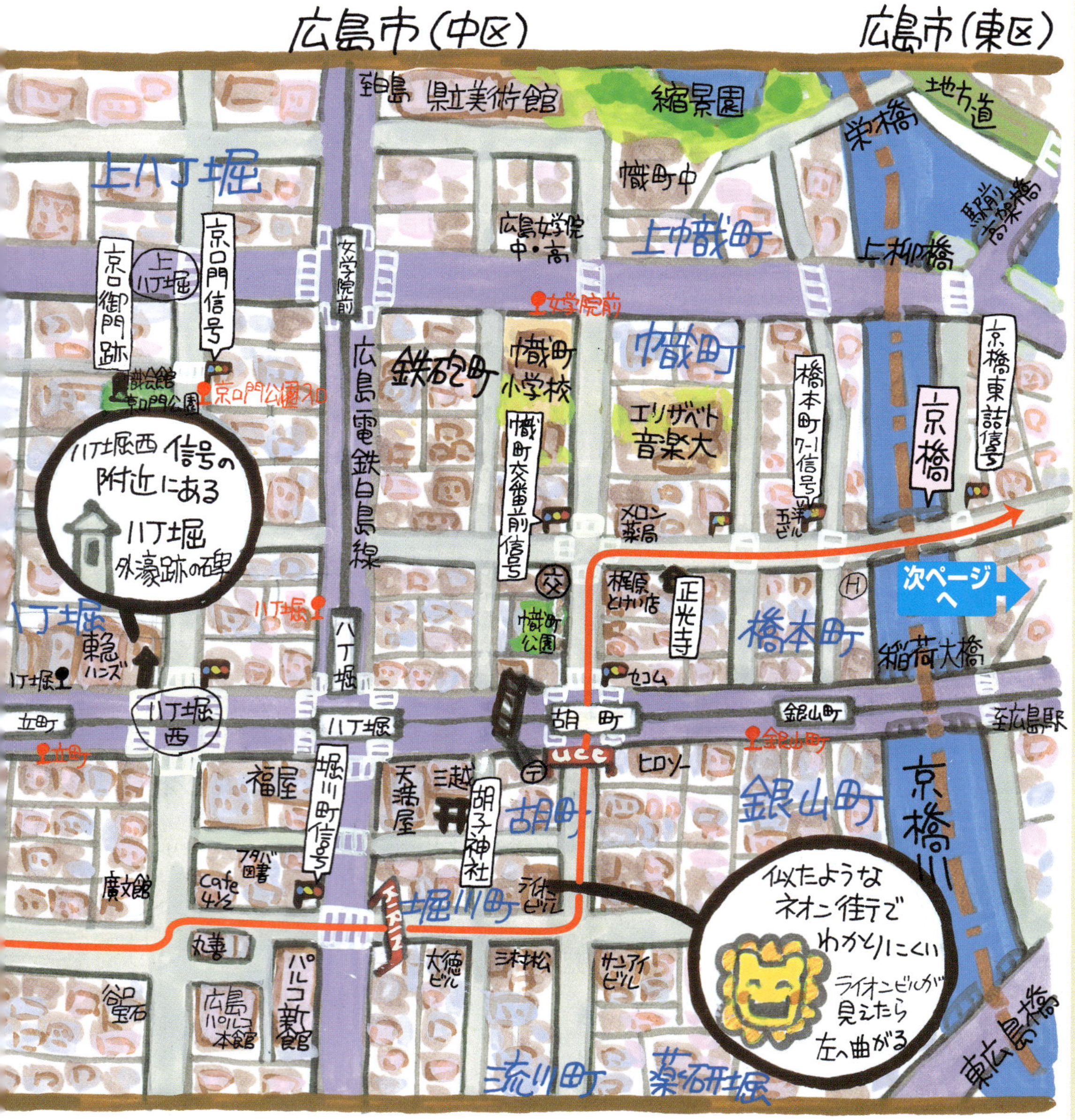

京橋を渡って東へと旅を続けます

小学生ぐらいから郷土の歴史発見の旅に
興味をもってほしいものです

コース❶ 拡大図-A 広島ご城下から海田まで

猿猴橋を渡り、三本松、みそ地蔵へ向かう

京橋 ◀ 猿猴橋 ◀ 愛宕神社 ◀ 三本松 ◀ 才蔵寺

次ページへ

才蔵寺から
広島市内を望む

近年は合格祈願のみそ地蔵
さんでおなじみの才蔵寺

猿猴橋を渡ります

コース❶ 拡大図-B 広島ご城下から海田まで

胡さまにお参りし、船越峠をめざす

一里塚跡 ◀ 恵比須神社 ◀ 船越地蔵 ◀ 船越峠

今は住宅地になったところを旧道は続きます

安芸郡(府中町)

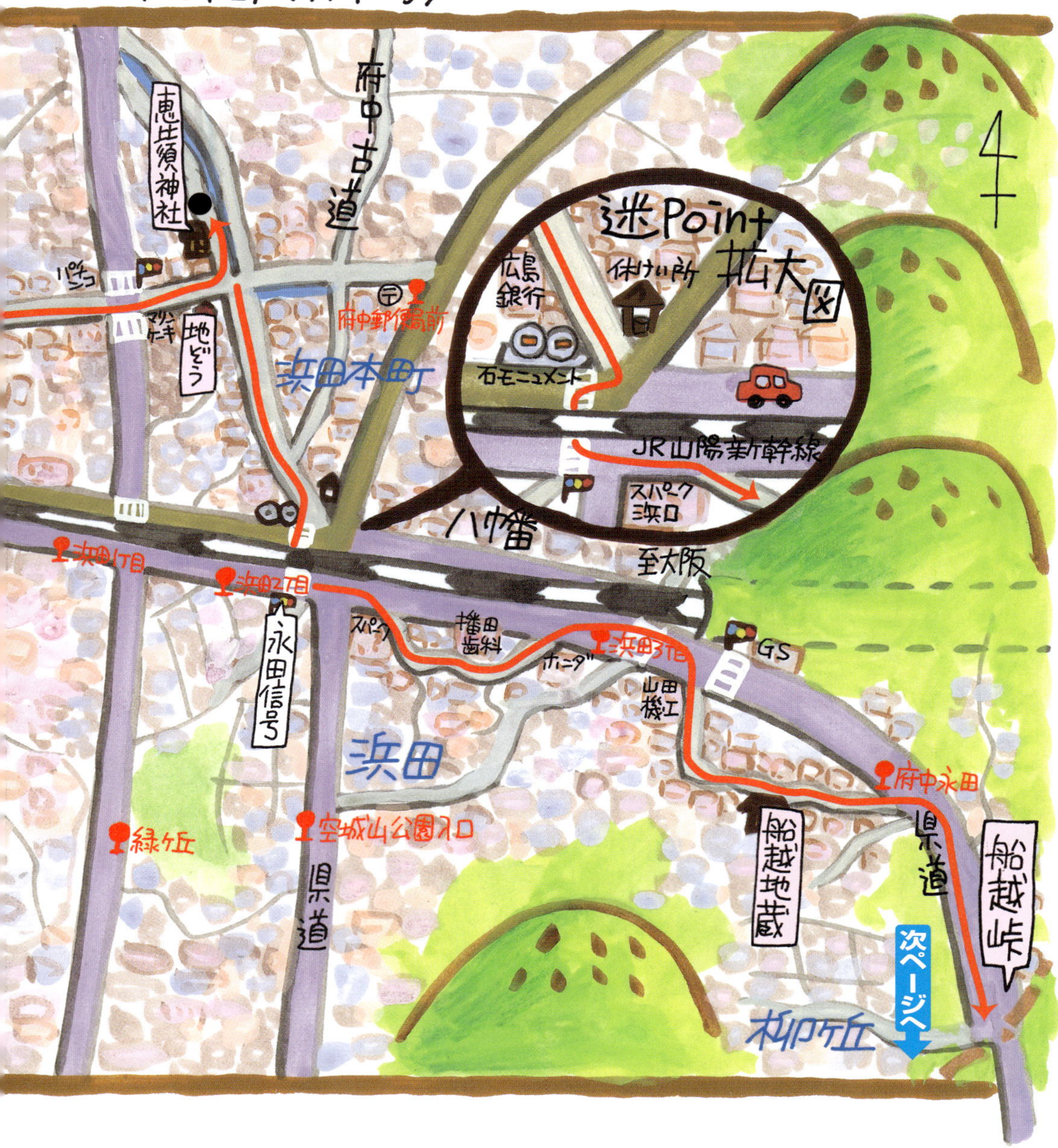

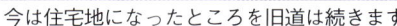

恵比須のお社をこれからたくさん見ることになります

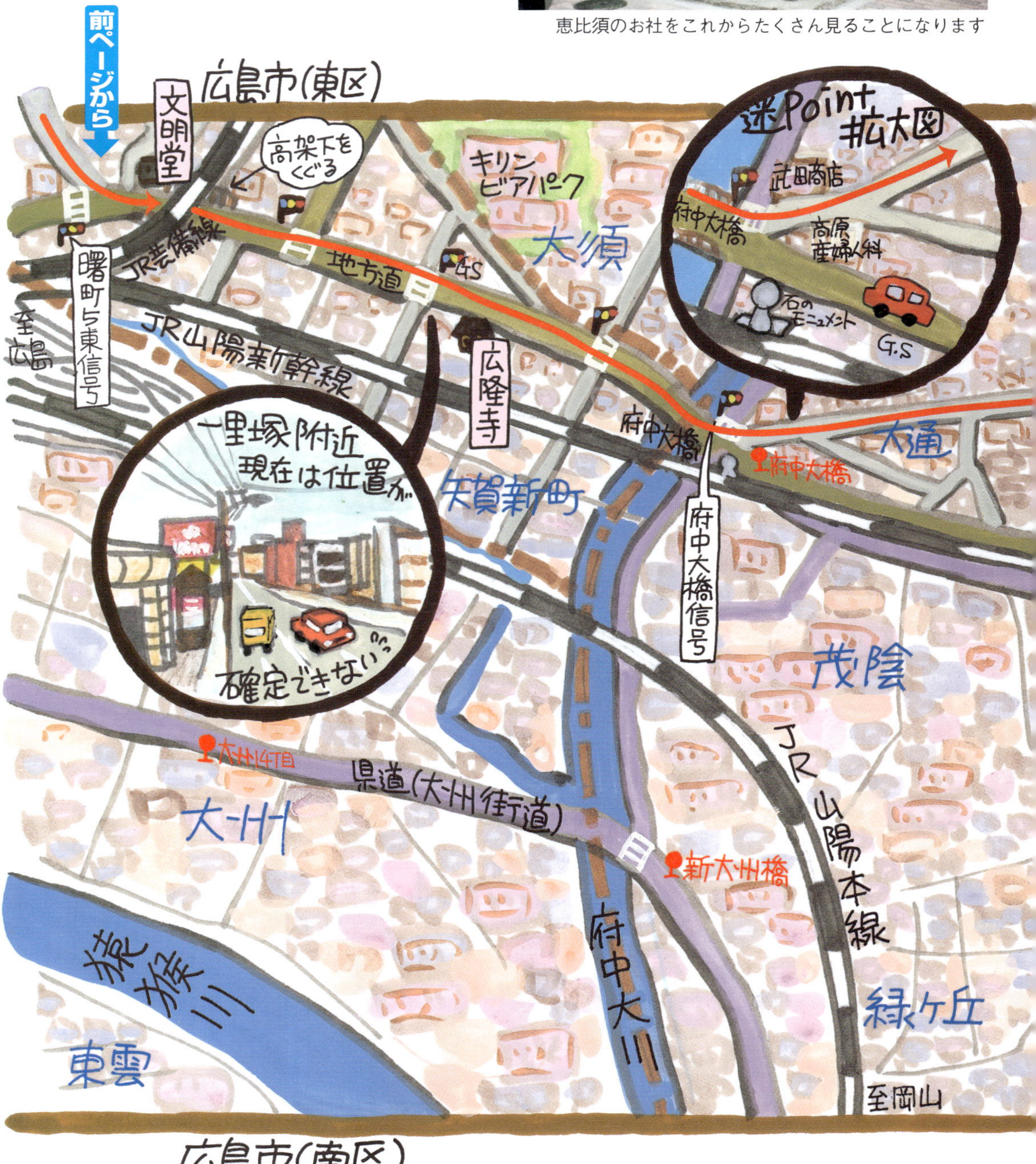

コース❶ 拡大図-C 広島ご城下から海田まで

コース❶

D

常夜燈の下を通り、海田の町へ

船越峠 ◀ 常夜燈 ◀ 一里塚跡

ひげの梶さん歴史探歩会広島メンバーの会は
毎月催されています

安芸郡(海田町)
清正寺の石柱手前
稲荷町と新町の境に
一里塚がある
清正寺
花都川
標識
一里塚跡
大師寺
稲荷神社
明顕寺
江戸時代の梵鐘♪
植木源兵衛作
海田市恵比寿神社
胡神社
荒神社
到着
保育園
県道
船越小学校
新町
稲荷町
胡子神社
千葉家
脇本陣跡
至岡山
船越五丁目
海田市
瀬野川
県道
窪町
JR呉線
駅入口
至呉

船越峠

街道筋の常夜燈は、
私たちを往時の旅にいざないます

コース❶ 拡大図-D 広島ご城下から海田まで

本通りは西国街道

山沿いを通っていた山陽道は、広島城の築城にともなって、ご城下を通るようになりました。外堀の南側を、西から東へ、いや東から西へ。どちらでもいいのですが……元安橋から本通り、堀川町から銀山町《かなやまちょう》。そして京橋を渡って、猿猴橋《えんこうばし》へと向かいました。

橋の親柱につけられた橋の名前を注意して見てください。京へ向かう人たちの側、すなわち京都と反対側の橋の親柱は、「ひらがな」。京都側の橋の親柱は「漢字」で橋の名前が書かれています。これは、「学問をするために京に上り、力をつけて帰郷する」。つまり、京へ向かうときはひらがなでも、帰郷するときは漢字を使えるようになって帰ってくるということなのです。

ところが、猿猴橋はきちんと京都側が漢字で書かれているのですが、京橋はそうなっていません。橋の復旧工事のときにでも、なにげなく取り付けてしまったのでしょうか。

京橋は、京に向かう人たちの出発点でした。これでは、「京へ上って、遊び過ぎ漢字まで忘れて帰ってくる」になってしまいますね。

元安橋畔に道路元標があります

ビルとビルの間を入れば本通り

京橋を渡ります

猿猴橋も味わい深い橋です

愛宕《あたご》神社は火防《ひぶせ》の神さま

毎年、地蔵盆に行われる千灯供養で有名な京都・化野《あだしの》の念仏寺。野にさらされ、山に埋もれた石仏や墓標が集められています。この念仏寺からトンネルを抜けると、清滝町。水清く、紅葉の名所でもあります。

ここから愛宕山の頂上までは、急坂5.5kmを登らなければなりません。本書にあたたかなイラストを描いてくれています、蒲田知美さんと吉田尚さん、清水正弘さんの共著、『イラストで歩く　関西の山へ行こう！』（南々社）。この本にも、愛宕山は、「火伏せの神が鎮座する京都西の雄」と紹介されています。ぜひ一度登ってみてください。

京都、愛宕山の愛宕神社は、「火《ひの》迺要慎《ようじん》」の護符がいただける、火防の神さまなのです。全国に800余社もあると言われる、愛宕神社の総本山です。ご祭神には諸説あるようですが、出生のとき、自らが発する炎と熱によって、お母さん・伊弉冉尊《いざなみのみこと》を焼死させてしまったと言われる、雷神・迦遇槌命《かぐつちのみこと》を中心とする、鎮火神を祀っています。

火防神を祀る神社ですから、人家のない田畑の真ん中にはありません。そう、宿場町や、家々が並ぶ集落に祀られることになります。

西国街道の旅でも、田畑の中や道端には、馬頭観音や荒神（農業神）が目立ったのに、町に入ると、愛宕神社や商売の神さま・恵美須さまを見かけるようになります。祀られている神さまの変化も、街道を歩く楽しみのひとつなのですよ。さあ、ここにもありました。愛宕神社、それになんと、町名まで愛宕町なのです！　すご〜い！

西国街道はＪＲの長い踏切を渡ります

秀吉伝説もある三本松

三本松は、街道沿いに植えられた街道松のなごりです。

豊臣秀吉は、天正18（1590）年、小田原の北条氏を倒し、続いて奥州の平定を行い、天下統一を果たします。これにより、約100年間続いた戦国時代にピリオドが打たれました。

しかし、秀吉は息も継がない性急さで、野望の実現のため、明（中国）への渡海準備にとりかかります。渡海の基地として、さびしい海辺の村に突如、大坂城と並ぶスケールの雄大な城が出現しました。そう、佐賀県鎮西町の名護屋城です。

そして、文禄元（1592）年、16万の秀吉軍が朝鮮に侵入します。文禄・慶長の役のはじまりであります。

今、ここで秀吉のお話をするつもりはありませんが、実はそこに見えます松の木3本、文禄2（1593）年に秀吉は名護屋城から大阪へ戻る途中、広島に立ち寄っています。

そのとき、この道筋の左右に松を植えさせたという言い伝えが残っているのです。「古株が3本残っていたので、いつ頃ともなく三本松と呼ばれるようになりました」と脇に立てられた説明板に記されております。

街道の三本松

広島藩主・福島正則《まさのり》

「我は弓なり、乱世の用なり。今治世なれば、川中島の土蔵に入らるるなり」と無念さが伝わる言葉を残して広島城主・福島正則は信州は川中島へとたっていきました。加藤清正と同じように、幼少期から秀吉に仕えた武芸一筋の子飼いの家臣でした。

別所長治の三木城（１３９ページ参照）を攻めた天正６（１５７８）年の戦さが正則の初陣。敵の武将・魚住源太を見事に討ち取って秀吉の期待通りの手柄をあげました。秀吉の死後は石田三成と対立し、関ヶ原の合戦では徳川方東軍の先鋒として戦い、その功により安芸・備後49万8千石を与えられて広島城主となったのでした。

しかし、徳川の時代に入っても豊臣家に対する忠誠心は変わることがありませんでした。徳川にとっては大変気になる存在でした。大阪冬の陣・夏の陣の時は豊臣方につくことを恐れた家康によって、江戸留守居を命じられ動くこともできませんでした。豊臣恩顧の外様大名はずしが露骨に行われる中、洪水で壊れた広島城の石垣を許可なく修復したとして、元和５（１６１９）年6月2日、幕府は福島正則を改易いたします。

「乱世の世の中、槍や弓を持って戦うことに自分の存在があったのだが、平和の時代、戦のない時代になっては、役立たずの古物《こぶつ》として土蔵の中に入られてしまうことよ」と表舞台から消えていったのでした。

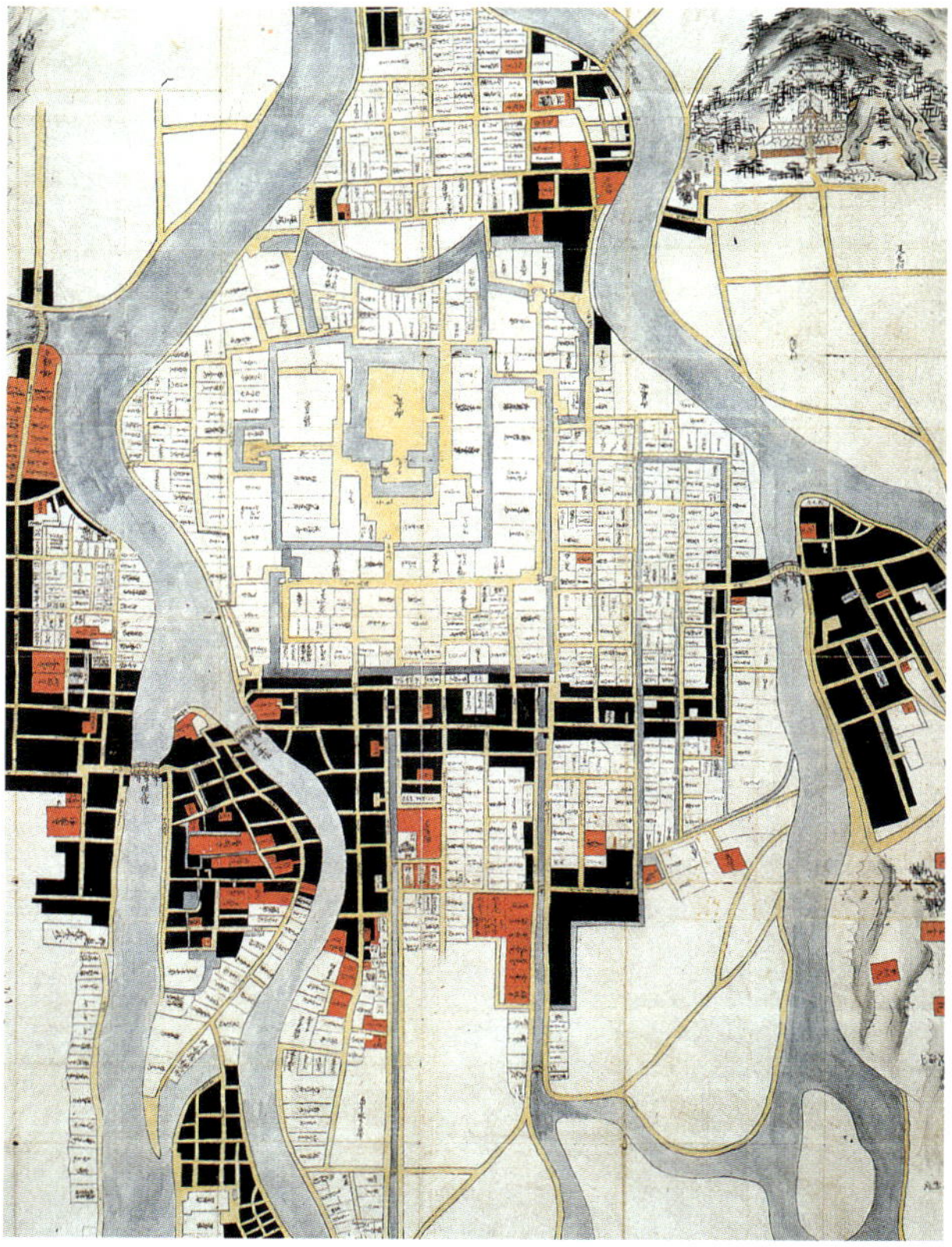

広島城下町絵図　正徳〜享保初年（1711〜1720）頃（広島城所蔵）

才蔵寺 合格祈願のみそ地蔵

才蔵寺は可児《かに》才蔵《さいぞう》を祀るお寺です。可児才蔵は今、お話いたしました福島正則に仕える忠義な武将、関ヶ原の合戦で活躍しました。このお寺には合格祈願のみそ地蔵の信仰が伝えられています。

才蔵には主人・福島正則が改易になったとき、戦に備えて食料を集めたというお話が残っています。この故事にちなんで、みそ地蔵の信仰が生まれました。

今も、みそがたくさん供えられています。そして、その脇には「みそ地蔵の拝み方」が丁寧に書かれています。それには、「自信を持つこの祈願方法は迷信ではなく自力本願の心理です」と結ばれていました。

階段をあがれば才蔵寺です

西国街道でよく出会う胡（恵比須）さま

恵比須（恵美須）さまというと、左に鯛をかかえて、右手に釣竿を持ち、えびす顔といわれるほどの満面に笑みをたたえた丸顔のお姿が目に浮かびます。商売繁盛の福の神として信仰を集めてきました恵比須さまは七福神のひとりでもあるわけですが、この釣竿に鯛は「釣りして網せず」ということを表しているのだそうです。

商売で言えば、決して暴利を貪ることなく清廉の心で商いをすれば、必ずや店は繁昌するということです。商人道の基本を教えてくれているのが商売繁昌の神さま・恵比須さまということになるのですが、では恵比須さまはどこから来られたのでしょうか。

一説によりますと、伊弉諾《いざなぎ》・伊弉冉尊《いざなみのみこと》をご両親にお生まれになった三男夷三郎《えびすさぶろう》さまであるというのです。となると天照大神《あまてらすおおみかみ》とはご兄弟ということになるのですが、事情《わけ》あって九州は日向の里から海へ流されてしまったのです。

小さな舟で大海原をさまよう夷三郎はいつか東へ東へと流されて、兵庫県は西宮の武庫《むこ》の浦に漂着いたします。里人からは海の彼方から流れ着いた生命であるということで大切にされながら、この地で没したというのです。没後、里人によってその廟が建てられました。

歴史探歩会のメンバーは本当に熱心な方ばかり……

それが現在の西宮神社で、夷三郎はご祭神恵比須となっていらっしゃるのです。恵比須信仰は、中世に西宮から夷回しといわれる芸能人が全国を歩いて広めていきました。海の彼方から来た不思議な力のある神は、漁村では漁の保護神として、商家では商売繁昌の福の神として信仰されてきたのです。

海辺を探歩いたしますと七浦七恵比須といわれ、入江ごとの集落に恵比須さまが祀られているのを見かけます。

荒神さまは農業神

ひと昔前までは年の暮れになると、どこのお家でも「かまど」のすすをきれいに掃ってお正月を迎える準備の大掃除、そしてきれいになった所で荒神さまのお札をお祀りしたものです。

荒神さまは不浄を嫌う神さまなので、いつも浄いところにいらっしゃると考えられていました。不浄を焼きはらって清浄なものにするのは火です。その火を家の中で常に使うところは台所の「かまど」です。そこから荒神さまと「かまど」の結びつきが生まれました。

しかし、この荒神さまへの信仰とは別の流れの信仰があるようです。瀬戸内海沿岸から中国地方の一帯にかけては、大きな木やその下の塚を荒神とよんで、一族や集落全体で祀っているのです。はじめて西国街道を歩きはじめたとき、私は農業神としての荒神さまに出会って、土地によっては信仰の型にも違いがあることを感じたものです。

なかには藁蛇《わらへび》を作って御幣を立てて供えたりするこの地荒神も、稲作や牛馬の安全を見守ってくれるとても身近な神さまだったのです。

恵比須さまの小さなお社でじっくりお話をしています

コース2 海田から瀬野まで

今日は、海田宿をゆっくり探歩してから瀬野にむかって歩きましょう。
出迎えの松が、東へ歩く私たちを見送ってくれます。
ちょっぴり、街道の旅がはじまったのだなという、
実感がわいてくるコースです。

24〜35ページ

ひげの梶さん おすすめポイント

海田市駅 ◀ 明顕寺 ◀ 千葉家 ◀ 熊野神社 ◀ 海田町ふるさと館 ◀ 春日神社 ◀ 常夜燈 ◀

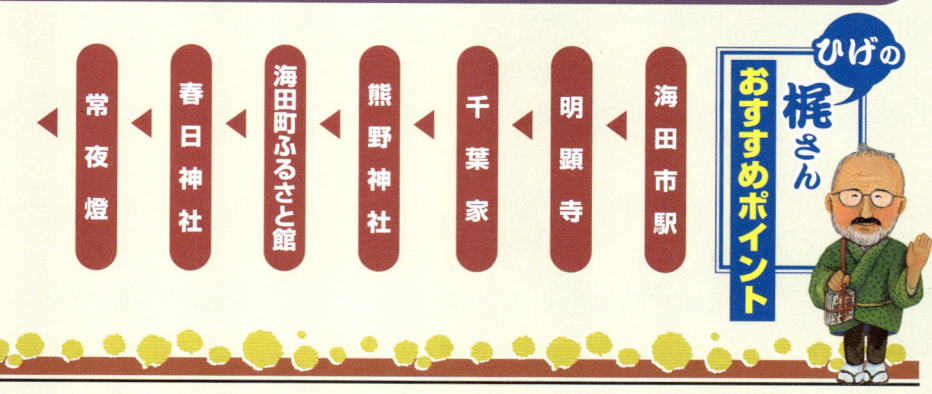

コース❷ 全体図

駅に集合、出発前に今日のコースについて解説をします

交通アクセス

ＪＲ海田市駅からスタート。終着はＪＲ瀬野駅です。

- **JR「海田市駅」** ☎082-822-2001
- **JR「瀬野駅」** ☎082-894-8106

出迎えの松 ◀ 鳥上の一里塚跡 ◀ 愛宕神社 ◀ 瀬野駅

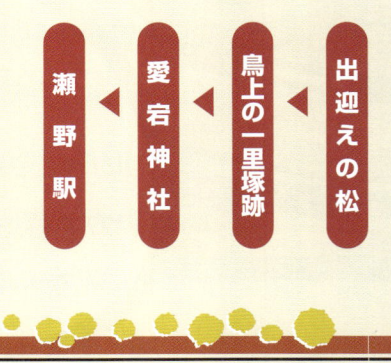

コース❷

A 宿駅・海田の町並みを楽しむ

海田市駅 ◀ 明顕寺 ◀ 千葉家 ◀ 熊野神社

安芸郡（海田町）
左 路地の入口に標柱がある
左に 永山信楽道
右に 堂本天神道
次ページへ
ジグザグ道が多い 上市
大名行列が すぐに見えなくなるよう 工夫してある
堂本天満宮
永山大学の墓
荒神社
胡神社
石原貝塚
石原
成本
上市
至岡山
県道
国道2号
日下橋
畝田
蟹原
瀬野川
平安時代は「開田」
室町時代になってから「海田」となる
当時は港もあり カキ養殖も さかんだった

熊野神社のご社殿、気持ちのよい風が吹いてきました

天下送り役を務めていた千葉家

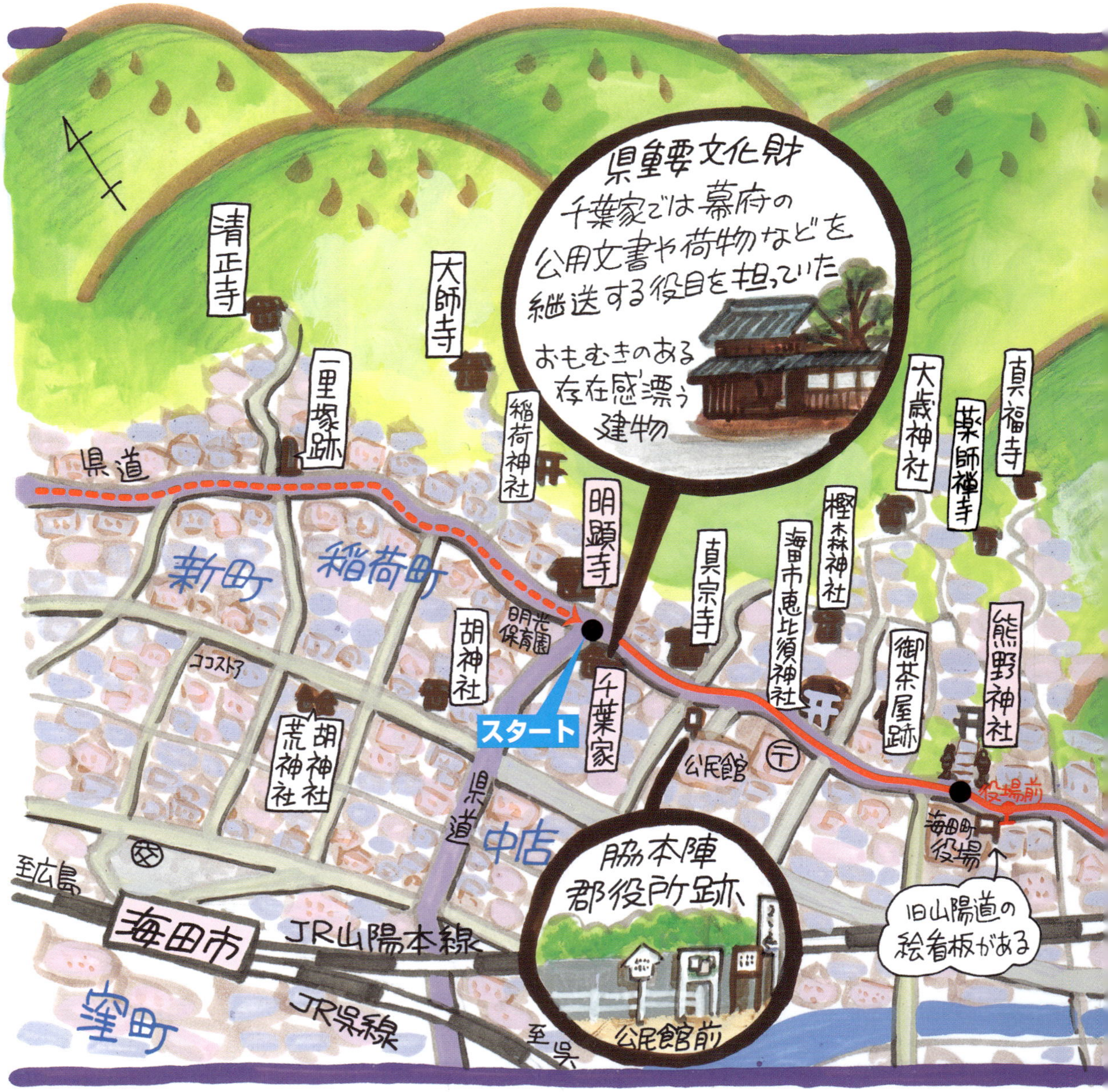

コース❷ 拡大図-A 海田から瀬野まで

B 出迎えの松でひと休みし、愛宕神社へ

海田町ふるさと館 ◀ 春日神社 ◀ 常夜燈 ◀ 出迎えの松 ◀ 鳥上の一里塚跡 ◀ 愛宕神社

出迎えの松で説明がはじまりました

春日神社の常夜燈、大きいですね

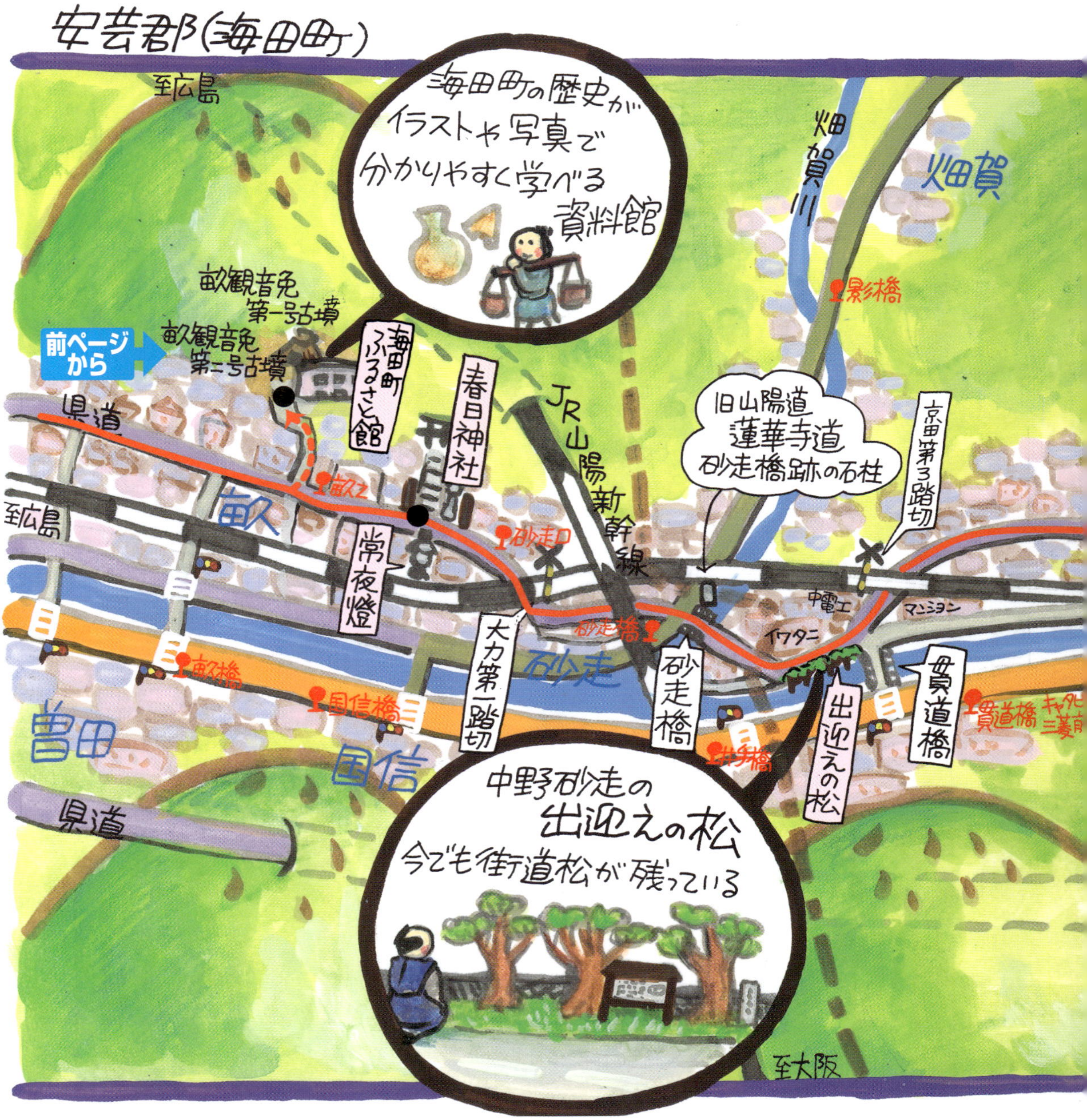

コース❷ 拡大図-B 海田から瀬野まで

コース❷

C

上り坂を瀬野に向かう

愛宕神社 ◀ 常夜燈 ◀ 瀬野駅

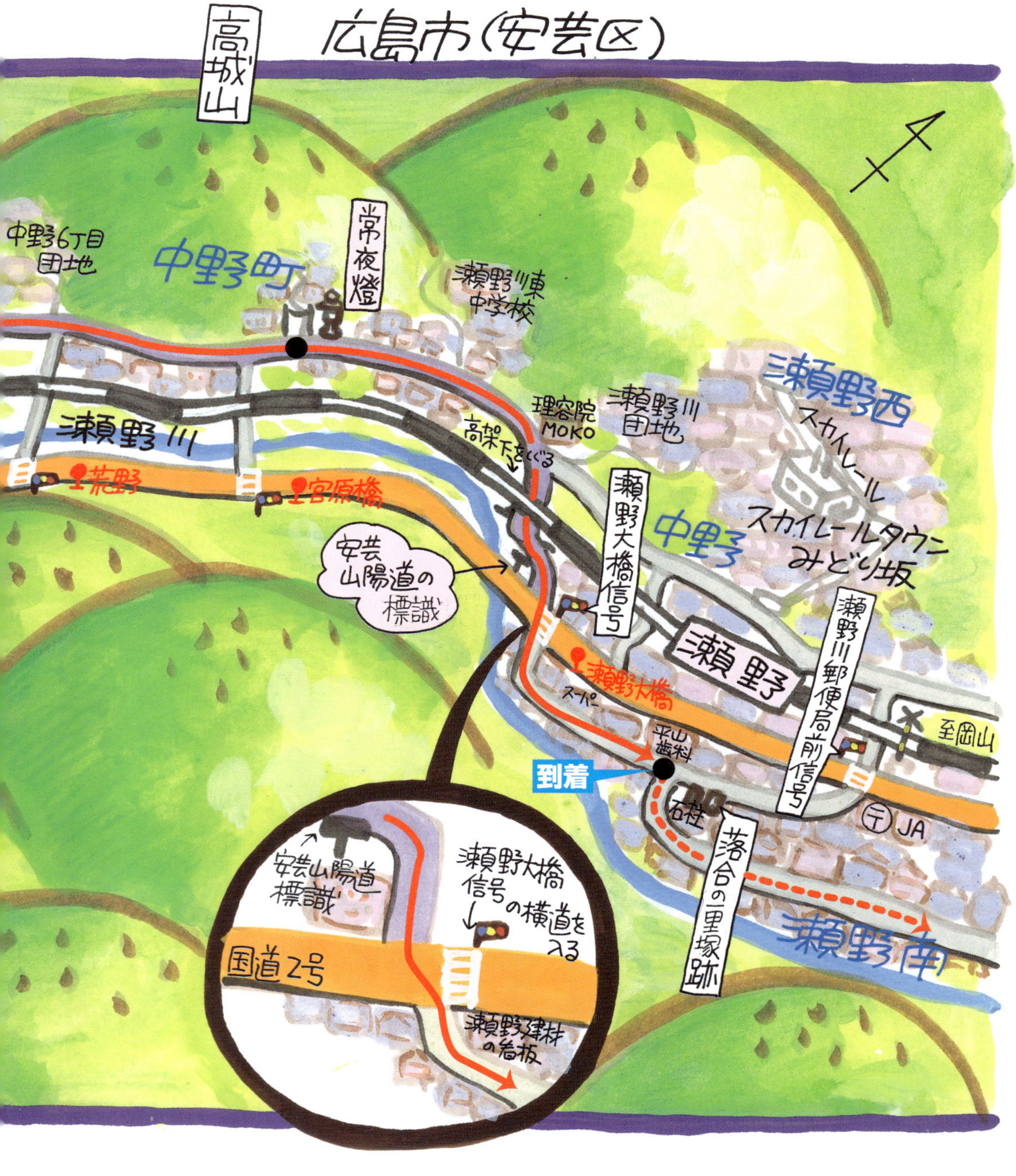

前方にスカイレールが見えてきますと、
瀬野駅までもう一息です

なだらかな上り道を歩きます

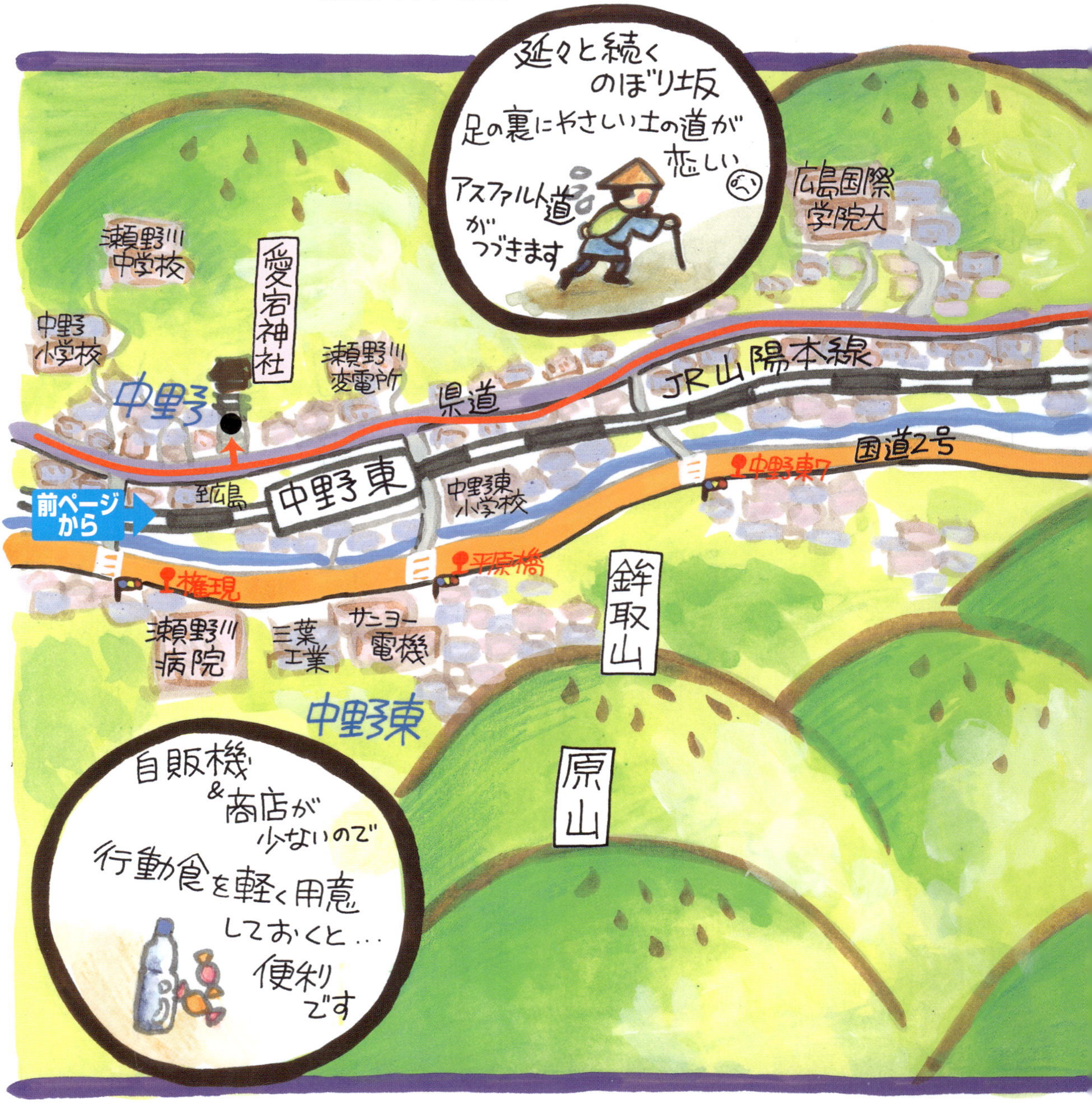

コース② 拡大図-C 海田から瀬野まで

西国街道の宿駅・海田

港町として栄え、また江戸時代には西国街道の宿駅として発展してきました海田の町並み探歩を楽しんでください。海田に最後まであった街道松も昭和61（1986）年には枯れてしまったということですが、なぜか懐かしさを感じる町並みが続きます。

お大名の行列も、厳島詣の旅人も、ご城下に向かう商人も、侍も、多くの人が行き交った道を今、私たちは、往時をしのびながら歩きます。上市のバス停のところなど、道の端がジグザグになっています。

お殿さまの行列が来たら「へへー！」と行列が通り過ぎるまで土下座をしていなくてはなりません。「おい、おい！こっちも忙しいんだけどな！」と思ってもひたすら土下座。道がまっすぐであったら、見えなくなるまでじっとしていなければなりません。こんなふうに道がジグザグになっていたり、┗┓字に曲がっていたら、すぐ見えなくなって立ち上がることもできたのでしょう。

海田宿・千葉家。ここでも"ひげの梶さん"の話は続いています

明顕寺の梵鐘

梵鐘は仏教の伝来とともにわが国に古くからありましたが、製作される数がもっとも多くなったのは、やはり江戸時代に入ってからでした。

本来はお寺でお坊さんたちに集合を知らせる合図として鳴らしていたのですが、江戸時代にもなりますと、松尾芭蕉の句で有名な「花の雲鐘は上野か浅草か」と詠まれたように、「時の鐘」、時刻を知らせる鐘としても使われました。江戸・上野のお山と浅草は、観音さまの境内に時を知らせる鐘がありました（今もあります）。鐘は鉄製のものは少なく、ほとんど銅に少量の錫・亜鉛を加えて鋳造するのだそうです。

ここ明顕寺の梵鐘は徳川8代将軍吉宗の頃、海田の鋳造師金屋（植木）源兵衛・新兵衛によって作られました。総高127m、口径70cmの型よい梵鐘です。

千葉家住宅―ひと目でわかる旧家の構え

千葉家は江戸時代を通して天下送り役を務めておりました。天下送りとは、幕府の公用文書や荷物などを継送する役のことです。

当然のこととして、この海田の宿駅運営の指導的な役割を担ってきたのでしょう。そのお屋敷建物は数少ない江戸時代中期の建築様式を伝えていると言われています。

平日のみ見学（1回10人以下・無料）できますが、詳しくは海田町ふるさと館（☎082-823-8396）に相談してみてください。拝観の手続き方法など教えてくれることと思います。さて、そんなお家でしたから、街道を往来する諸大名の宿泊もあったようです。

諸大名が宿泊した千葉家

平安時代に勧請された海田の熊野さん

万寿3（1026）年といいますと、あの藤原道長から息子の頼通の時代、天皇は後一条天皇でした。その頃、この地に紀州熊野大社から海田の熊野神社は勧請されたと伝えられています。

熊野神社

戦国時代の領主・阿曽沼氏によって再建され、浅野家の時代に入ってからは海田宿の繁栄とともに、その祈願所にもなりました。文政7（1824）年、木地屋保兵衛によって寄進された石段をあがってご本殿をお参りしてください。

出船入船で賑わった宿場町・海田

海田には宿場町の面影が残っています。平安時代の終わりの頃、安元2（1176）年の八条院所領目録には「開田」と記されているのです。

「海田」という字を使うようになったのは室町時代になってからと言われています。内陸部にぐっと入り込んでいた海岸線の港には、たくさんの出船、入船。とても賑やかだったことでしょう。海を利用した港の機能をもつ町は「海田」と書かれるようになっていきました。

海と陸の交通の要衝として重要な役割を担った海田は、江戸時代に入ると西国街道の宿駅として、さらにその賑わいを増していきました。さあ！これから私たちは宿場町・海田をあとにして瀬野まで、途中、素敵な街道松を見たり、小さな村のお社で小休憩をしたり、両側の山の景色に感動したりしながら街道の旅を楽しみたいと思います。

「コース❸瀬野から八本松まで」に比べれば、ほとんどアップダウンのないコースといえます。

さぁ！元気よく歩きましょうね

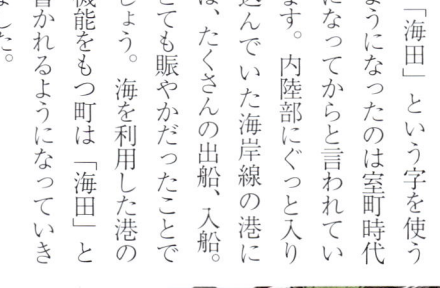

海田町ふるさと館

西国街道沿いの左に少し入ったところに、海田町ふるさと館があります。1階には古代・中世・近世・近代の海田の様子が、2階には海田の商家と農家の暮らしがわかりやすく解説されています。ふるさと館の裏手にある古墳と併せて見学してみてください。

常設展示室は無料で9時〜17時が開館時間、月曜日と年末年始がお休みです。

ふるさと館の裏手にある古墳

海田町ふるさと館。町の歴史がわかりやすく展示されています

街道往来の目印は、春日神社の森と常夜灯

奈良の春日大社といえば、参道といわず、境内といわず、無数に立っている石灯籠に驚いたことを、初めて訪ねたときの思い出として残っています。

これら千基をはるかに超す石灯籠は江戸時代のものが一番多いのですが、なかには鎌倉時代、室町時代のものも少なくありません。仏前や社前に灯籠を設けて、常に絶えることなく火を献ずることを常夜灯といいます。

さて、西国街道を歩く私たちは往来の目印のようにも思える森の中に、鎌倉時代の初めに、奈良の春日大社から勧請したと伝えられる春日神社をお参りすることができます。狛犬や献灯された灯籠に目をやりながら、社殿までの坂道・石段をゆっくり上ってお参りしてきてください。

また、西国街道沿いにある大きく立派な常夜灯の「奉献」の文字は頼山陽の揮毫と伝えられています。

奈良・春日大社から話を起こして、解説がはじまりました

出迎えの松

瀬野川沿いに今も残る出迎えの松

西国街道は、瀬野川の畔に出ます。そこには街道松の名残り、中野砂走《すなばしり》の出迎え松が残っています。整備が進む街道には杉や松の並木が作られました。街道を歩く旅人にとっては、杉並木や松並木は疲れた体を休めるのにどんなにありがたかったことか、夏の暑い炎天下に街道調査で歩く私はいつもいつも実感しています。

さて、出迎えの松という名前の由来ですが、参勤交代を終えて江戸勤めから国元に帰る安芸国のお殿様を家臣や村の有志たちが、この松の辺りまで出迎えに出たということから名づけられました。

ひげの梶さん 西国街道 もの知りコラム 2

旅に出るなら、お寺と大家《おおや》さんは大切に……

江戸時代の庶民の旅には、往来手形と関所手形、2つの手形が必要でした。

往来手形は身分証明書。今なら運転免許証でもOKなのですが、当時は、旅に出る前にこの手形を発行してもらい、それを持って旅に出なければなりませんでした。では、どこから発行してもらったかといいますと、ご自身が檀家になっている檀那寺からなのです。ですから、お墓参りにも行かない、お彼岸、お盆にも顔を出さないと不義理をしている人はこういうときに困ってしまいます。

また、関所手形は、関所を通るときに提出、納めなければならない手形で、こちらの手形は、町に住む人なら大家さん、村に住む人なら名主さんに書いてもらいました。

「この権六・権七・権八の3名は、お伊勢さまお参りのため、旅をしています。まちがいございませんので、どうか関所を通してあげてください。よろしくお願いいたします。　凹凸村名主、小言幸兵衛」などと書かれたものです。これも、普段からのおつきあいがたいせつということになります。

今のように、となり近所には内緒で、ちょっと一週間ひとり旅、隠れ旅などというのはできなかったようですね。

コース 3

瀬野から八本松まで

今日のコースは、ちょっとした里山ハイキング。え～？ こんな道を参勤交代のお殿様の行列が通ったの？と驚き、感動の連続です。
東海道は、ほとんど旧道でも舗装されてしまっているのですが、広島県内の西国街道には、今日のコースのような場所が残っているのがうれしい！のです。

36～43ページ

ひげの梶さん おすすめポイント

瀬野駅 ◀ 落合の一里塚跡 ◀ 一貫田 ◀ 大山刀鍛冶・市左衛門の碑 ◀ 涼木の一里塚跡 ◀ 御迎えの場 ◀ 賀茂郡・安芸郡の境

コース3 全体図

今日のコースは、こんなすてきな里山ハイキングの気分が味わえます

交通アクセス

ＪＲ瀬野駅を出発してＪＲ八本松駅までです。

- **JR「瀬野駅」** ☎082-894-8106
- **JR「八本松駅」** ☎0824-28-0016

大山峠 ◀ 長尾の一里塚跡 ◀ 八本松駅

コース③

A

一貫田の「間《あい》の宿」を過ぎて

瀬野駅 ◀ 落合の一里塚跡 ◀ 一貫田 ◀ 大山刀鍛治・市左衛門の碑 ◀ 凉木の一里塚跡 ◀ 地神

比較的新しい道しるべ

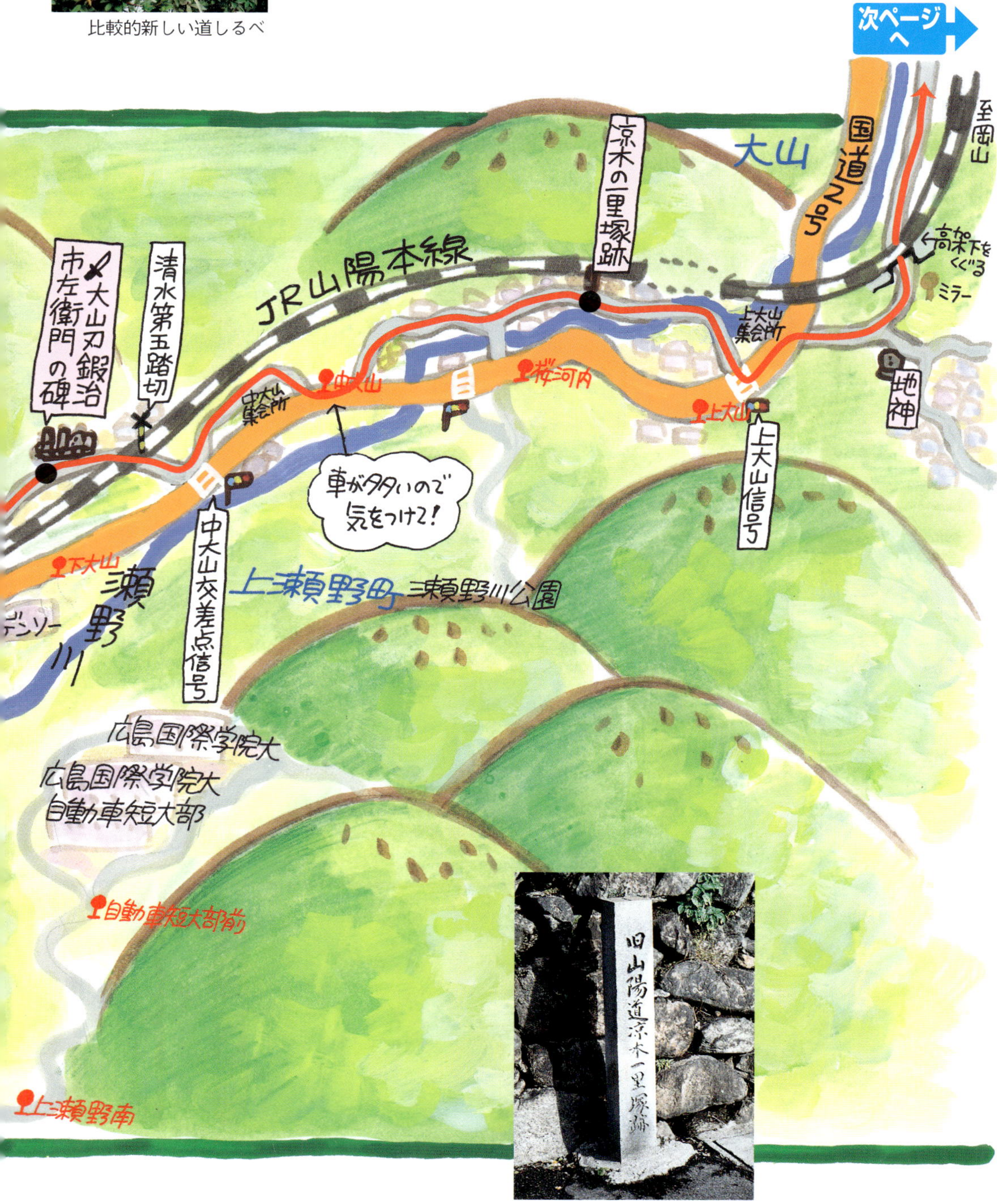

凉木の一里塚

信号がないので気をつけて。
国道のむこうに西国街道は続きます

道しるべ

下一貫田、国道を越えて、むこう側に続く

コース③ 拡大図-A 瀬野から八本松まで

コース③

B

賀茂郡・安芸郡の境を越えて、大山峠へ

地神
◀
御迎えの場
◀
賀茂郡・安芸郡の境
◀
大山峠
◀
長尾の一里塚跡
◀
八本松駅

賀茂郡・安芸郡の郡境

大山峠への道

街道途中の碑

大山峠
旧山陽道大山峠

大山峠

広島市
(安芸区)
東広島市
見廻りのお役人さんの
お供をした 賀茂郡のご案内役は
ここで….
安芸郡のご案内役に
引き継いだ
もちろん！
その逆も
国道2号
現代版の茶店
「ルート2」休けい所
ここから先は山道になるので
ひと休みしましょう
飲み物を用意、トイレもしてね♡
ルート2
瀬野の馬は
エ～♪
大須なわてが
なけにゃ
エ～♪
大山峠入口
土道
御迎え場
分岐
Point
高架下
車に気をつけて
大山
ちびっこ広場
瀬野馬子唄の看板
代官おろし跡
賀茂郡
安芸郡の境
至広島
上大山集会所
高架下をくぐる
ミラー
前ページから
地神
どんなに
権力のある人でも
カゴを降りなければ
ならなかった
とても厳しい
峠道

コース③ 拡大図-B 瀬野から八本松まで

西国街道の胸突き八丁、大山峠

国鉄の蒸気機関車も前引きあと押しして、上っていった瀬野から八本松へのコース。今日はＪＲ瀬野駅から出発して西国街道の胸突き八丁、大山峠へと向かいます。

この街道は昔のまま、車も通れない静かな旧道が続きます。ゆっくり、まわりの山の景色を楽しみながら探歩してください。もちろん現代のこと国道2号を走る車の排気ガスをあびるところもないわけではありませんが、その不満も充分に解消してくれるだけの美しい街道の景色が残っています。

瀬野駅から旧西国街道を歩きはじめてしばらく行くと、落合の一里塚

私たちは安芸郡から賀茂郡へと入ることになります。江戸時代幕府の巡見使の通行には、この郡境までそれぞれの村役人が案内者としてお見送り、そしてお出迎えをしたのでした。峠を越えて下りきれば長尾の一里塚、もうＪＲ八本松駅はすぐそこです。さあ！今日も一日元気よくがんばりましょう。

一貫田は、間《あい》の宿《しゅく》

江戸時代、街道には宿駅制度によって、正規の宿場が決められていました。しかし、東海道の御油宿と赤坂宿の間のように、たったの16町（約1.7km）しかないところもありましたが、反対に長いところもありました。

そこで宿場と宿場との間の長いところや、渡船場、あるいは険しい山道にさしかかる交通の難所などに人足場ができ、旅人の休憩などのために茶屋が立ち並ぶようになりました。これを「間の宿」とよんでいます。

幕府は、本宿維持のために間の宿での伝馬の設置や、旅籠《はたご》の営業を禁止しましたが、しだいに守られなくなっていきました。一貫田には大名の小休所もあり、街道の左右には茶屋が多かったことが『中国行程記』（毛利家の参勤交代の行程を描いた絵図）に記されています。

下一貫田先の西国街道

『芸藩通志』に記された大山刀鍛冶の初代

刀鍛冶とは刀剣を鍛造《たんぞう》する匠のことをいうのですが、弥生時代の銅剣の時代から古墳時代の鉄剣の時代に入って刀鍛冶として独立していきます。そして、武士のおこり、成長とともに優秀な刀剣の需要が高まり、各地に名工が輩出いたします。

大山の刀鍛冶は、『芸藩通志』によれば筑前左の一派の守安という者が室町時代のはじめ建武年間（１３３４～１３３７）にこの地に移り住んだのが、はじめであると伝えています。しかし、その時代の大山での刀はまだ発見されておりませんので、天正年間（１５７３～１５９２）の宗重以降の安芸国の刀鍛冶跡としておきます。昭和20（１９４５）年に水害で流されるまでは屋敷跡も残っていたと伝えられています。

大山刀鍛冶、市左衛門の碑

大山峠にかかります

安芸郡と賀茂郡の境界を越えて峠への道がさらに続きます。途中、左に大山刀鍛冶跡の碑と案内板が立っています。木々の中を進む街道はもう最高です。

しかし、この山道を重い荷物を背負ってのぼった人たちは大変だったろうなと考えてしまいます。

大山峠が近づいてきた

大山刀鍛冶のお墓への道しるべ

ひげの梶さん 西国街道 もの知りコラム 3

徳川家康から街道の整備を命じられたのは、石見銀山奉行の大久保長安！

徳川家康は、慶長９（1604）年、街道のさらなる整備を大久保長安に命じます。

大久保長安は、猿楽衆という芸能の世界から甲斐武田氏の家臣となって身をおこした人です。武田氏の滅亡後は徳川に仕え、家康の江戸入城後は、武蔵国八王子に陣屋を設けて、検地や知行割などを担当しました。私が主宰いたします歴史探歩会でも、何度か八王子の陣屋跡などを訪れたことがあります。

なにしろ、ずば抜けた才覚の持ち主であった大久保石見守長安は、「石見検地」「大久保縄」とよばれる江戸幕府初期の代表的な検地の方法を考案することにとどまらず、鉱山と林業の開発にも驚異的な成果をあげました。伊豆の金山、佐渡の金山、そして石見の銀山開発など、どれも大久保長安の手によるものでした。

しかし、慶長18（1613）年、長安が駿府（静岡県）で69歳をもって病死しますと、一族ことごとく処刑や財産没収と悲惨をきわめました。謀反の計画があったとか、金銀の隠とく不正があったからとか、いろいろな憶測を生みましたが、罪因はいまなお謎なのです。

街道を歩く小さな旅は、街道整備に携わった大久保石見守長安のような人から、街道をただひたすら往きかったたくさんの人たち、さらには街道にかかわって生業《なりわい》を立てている人たちへの想いへと広がっていきます。

コース 4

八本松から四日市（西条）まで

前回のコースは感動の大山峠越えでしたが、今日は飢坂をのぼる楽しいコースです。終着地は四日市宿（西条）、海田宿の次の宿場になります。新緑の頃よし、紅葉の頃またよしと季節を変えて何度も歩いていただきたいと思います。

44〜51ページ

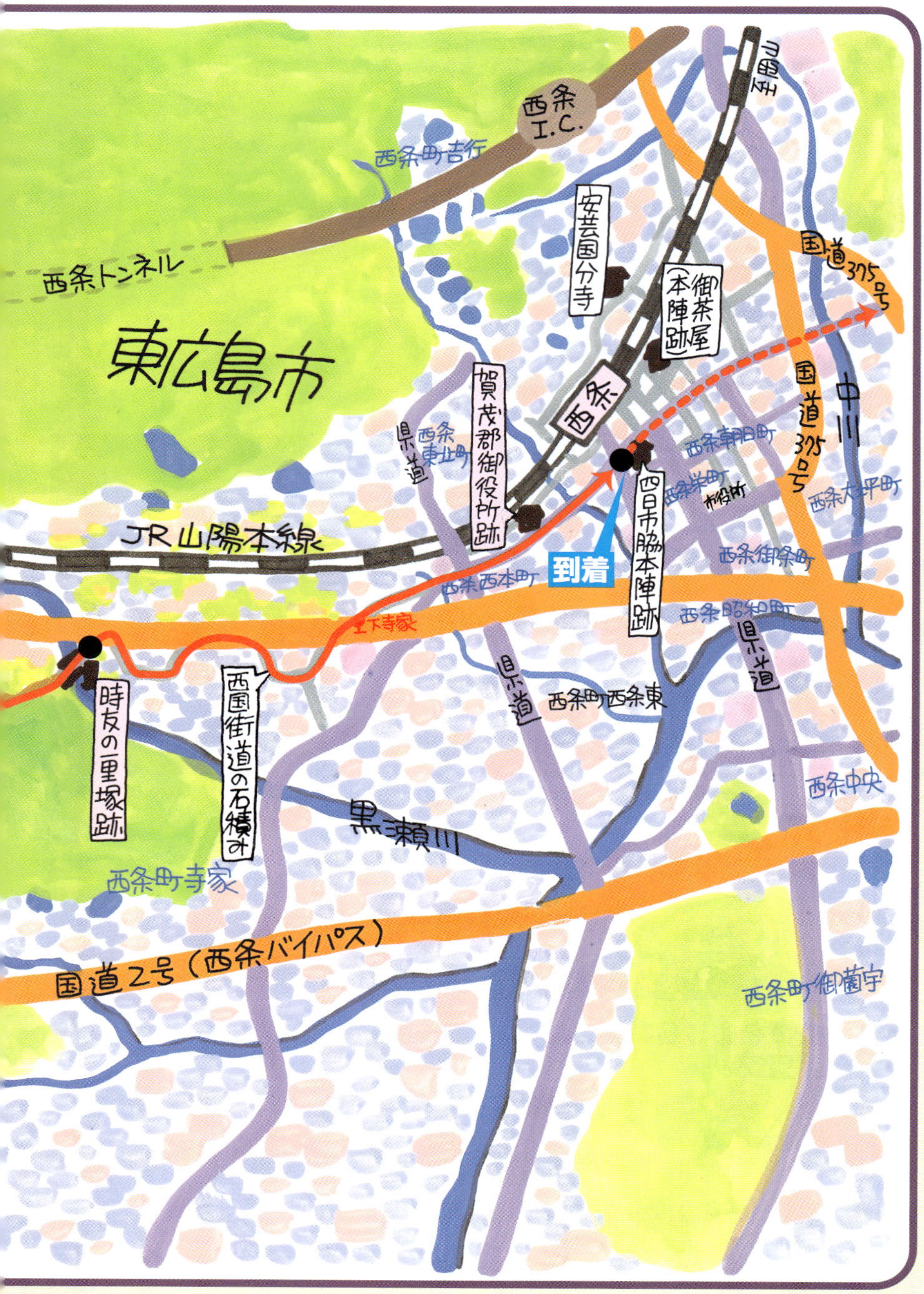

ひげの梶さん おすすめポイント

八本松駅 ◀ 妙福寺 ◀ 清水川神社 ◀ 材修場跡の碑 ◀ 飢坂 ◀ 時友の一里塚跡 ◀ 賀茂郡御役所跡

コース④ 全体図

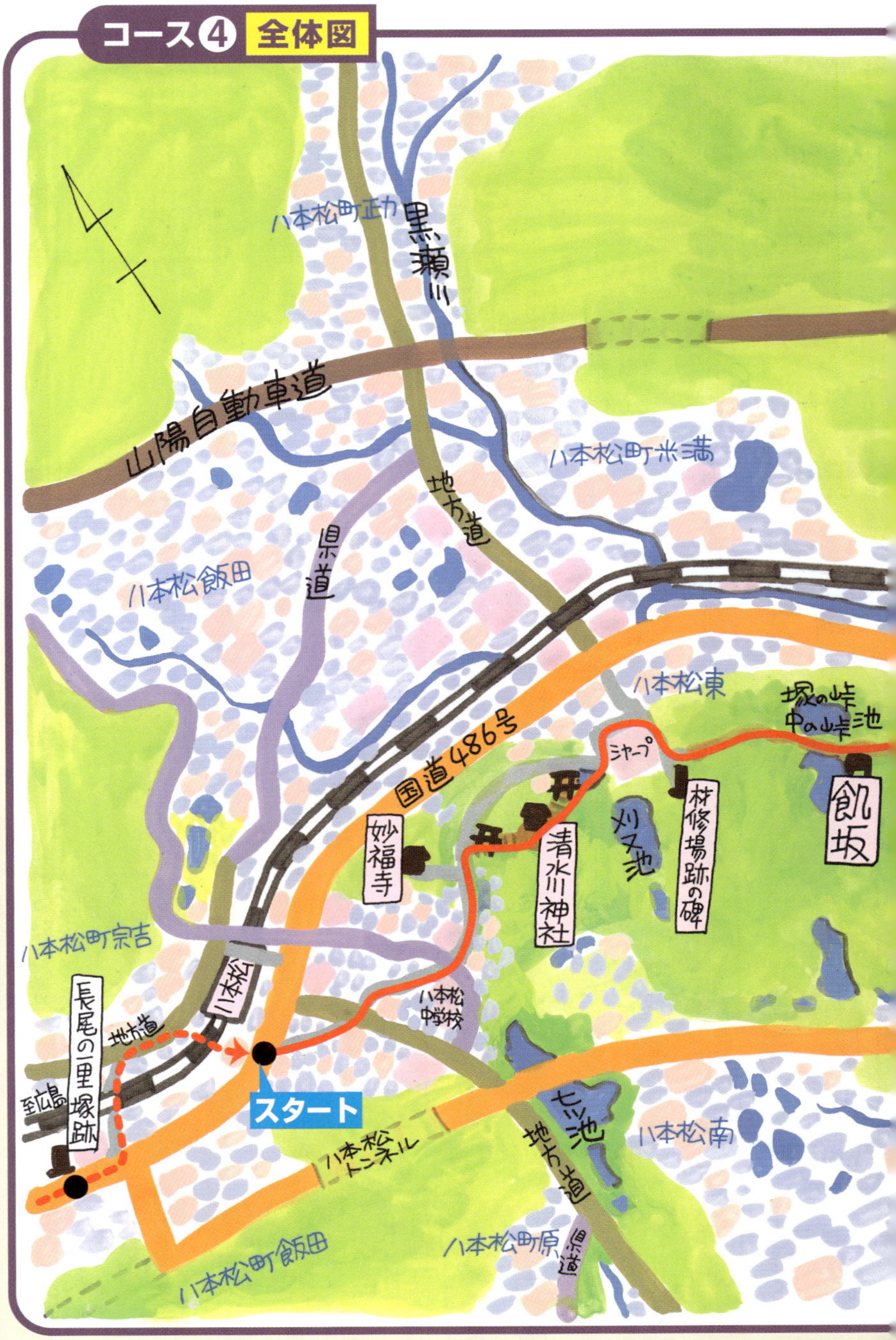

ＪＲ八本松駅を出発です

ポイント、ポイントで
お話がはじまります

交通アクセス

ＪＲ八本松駅から歩きはじめて、ＪＲ西条駅までです。

●JR「八本松駅」
☎0824-28-0016

●JR「西条駅」
☎0824-23-3003

西条駅

コース❹

A 八十八石仏めぐりを楽しみ、飢坂へ

八本松駅 ◀ 妙福寺 ◀ 清水川神社 ◀ 材修場跡の碑 ◀ 飢坂

妙福寺前での説明です

東広島市
デルタ工業
音戸工作所
シャープ
地方道
広島プラスチック
至岡山
国道486号
下組
JA
街道がシャープの中を通っているので迂回しましょう!
SHARP
下組集会所
鯉のいる池
清水川神社
シャープ
飢坂にこにこ公園
グランド
材修場跡の碑
名の通りキツイ上り坂が続く…
石畳が所々に残っている
昔は神殿が北に向いていた
ここを通る人が馬から落ちるので
今は西に向いている
刈又池
昔、瀬野～八本松の区間を後押しして上る機関車などをここで修理していた
飢坂
中の峠池
飢坂の解説板
次ページへ

八本松材修場跡の碑

清水川神社の参道をあがります

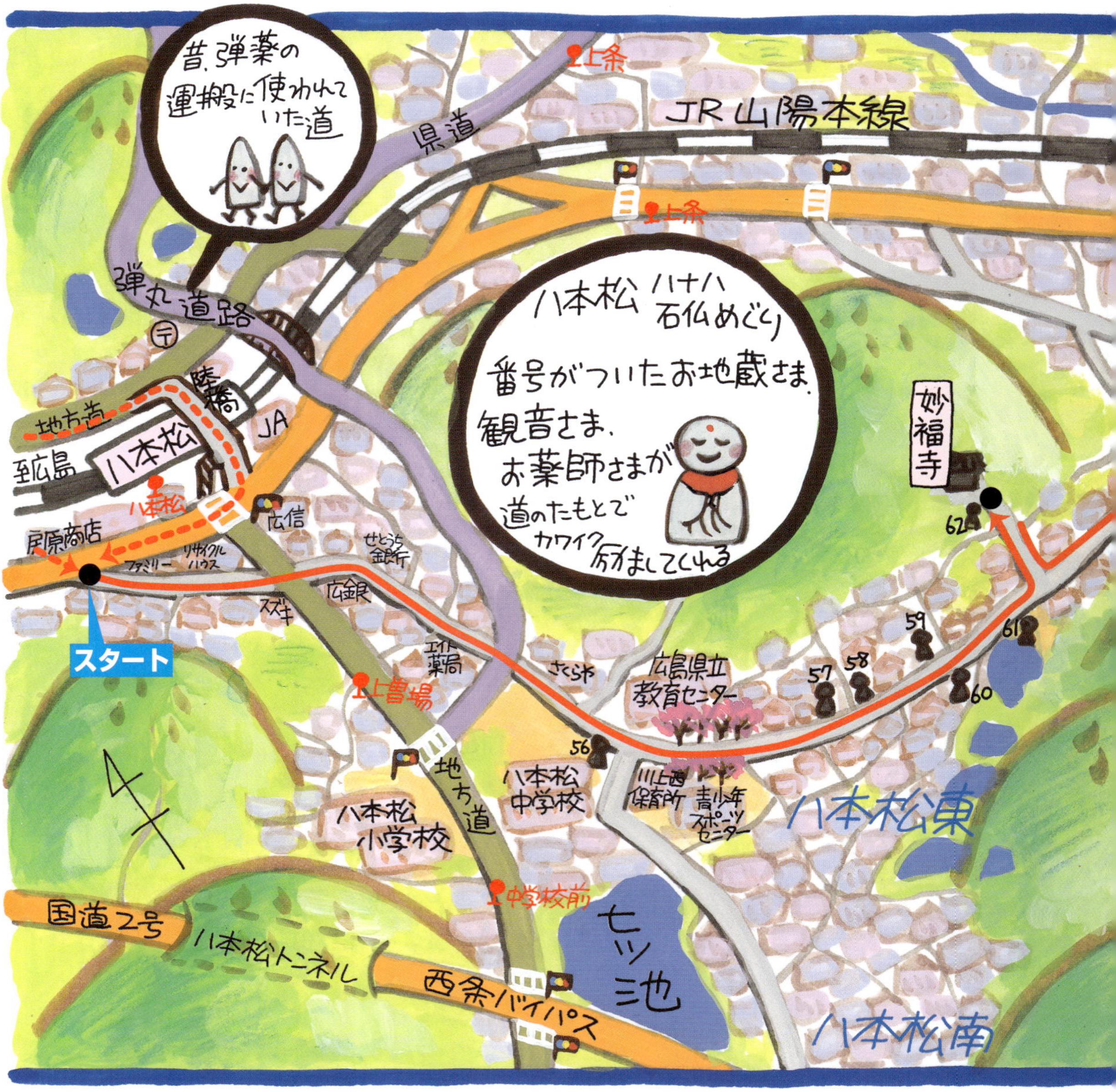

コース④ 拡大図-A 八本松から四日市（西条）まで

B 飢坂を下り、四日市宿へ

飢坂 ◀ 時友の一里塚跡 ◀ 賀茂郡御役所跡 ◀ 西条駅

中の峠池は、お弁当をいただくのに最適

西条(四日市)は
今もなお、古い民家が保存され
タイムトリップしたかのよう…
細かい路地にも
江戸時代の
暮らしが
身近にうかがえる
酒の神様 松尾神社
御建神社
至岡山
西条
到着
御茶屋(本陣跡)
馬JR前
太田邸
土かべの路地
岡町
四日市脇本陣跡
賀茂郡用所
御制札場跡
県道
西条東北町
賀茂郡御役所跡
旧石井家住宅跡
社倉蔵跡
山陽鶴酒造
真光寺
フジグラン
公民館
サタケ本社
サタケ製作所
賀茂輝酒造
東広島市役所
西条西本町
西条プラザ
プラザ前
法務局前
長沼邸
西条中学校
賀茂高等学校
芸陽バス前
西条東
法務局
西条中央病院
半尾川
西条町西条東

四日市宿（西条）に入ると土蔵づくりが……

田んぼの中の祀は荒神さまでしょうか

東広島市
至広島
市田橋
飢坂
時友の一里塚跡
友待橋信号
車道を歩く時は気をつけましょう！
明星
友待橋
パチンコ
前ページから
中の峠池
飢坂の解説板
祠
時友橋
めん処 六右衛門
JR山陽本線
わっこ館
黒瀬川
トヨタ
陸橋
西条町寺家
ケンタッキー
はるやま
いすゞ
ホンダ
生協ひろしま
三城
失われつつある西国街道の石積み
江戸時代から昭和37年まで使われていた道
その左下側面に石積みが残されている
…が歩行に危険な為
この上にフタをしてしまうとの事！
今のうちに見ておいてください！
下寺家
ニッセイ
寺西小学校
寺西小

コース④ 拡大図-B 八本松から四日市（西条）まで

八十八石仏めぐり

石仏の解説中です

前回のコースは瀬野から八本松まででした。大山峠への旧道をはじめ、いたるところで感動の叫び声があがったことと思います。ところが、今日のコースも、また、また感動の連続なのです。飢坂《かつえざか》、そして中の峠池（塚の峠池）など、こんな所が身近にあったの！　わあー！と思わず声をあげてしまいます。

さあ！元気よくJR八本松駅を出発しましょう。歩きはじめますとすぐに、私たちは道端に石の仏さまを見ることができます。この仏さまたちを江戸時代の旅人たちは見ることはありませんでした。と申しますのは、大正時代の終わりごろ「人の集

ひげの梶さん 西国街道 もの知りコラム 4

お薬師さま

お釈迦さまと同じ印相をしていますが、左手に薬の入った壺、薬壺を持っておられるので、この仏さまはお薬師さまだとわかるのです。お薬師さまのご本名は「薬師瑠璃光如来」と言います。

今でこそ、薬もすぐに買うことができますし、お医者さんにかかることもできますが、昔の人は病気にかかり痛みを、苦しさを感じたとき、ひたすらお薬師さまにお願いしました。

「オンコロコロ、センダリ、マトゥギ、ソワカ」と唱えて痛むところをさすりました。「オンコロコロ……」はお薬師を念ずるときに唱える文句です。また、いつ病気になるかわからない生身の私たちは日ごろからお薬師さまに手を合わせて、日々の健康を祈り続けてきました。八本松の石仏たちには、寄贈した人の大正15（1926）年の数え年と名前が刻まれています。

さて、このお薬師さまはおいくつの方が寄贈されたものなのでしょうか。

薬師如来

ひげの梶さん 西国街道 もの知りコラム 5

観音さま

観音さまはお地蔵さまとともに、私たちにもっとも身近な親しみやすい仏さまです。

それだけにさまざまなお姿の観音さまがいらしゃいます。天台宗では聖観音・千手観音・十一面観音・馬頭観音・如意輪観音そして不空羂索《ふくうけんさく》観音を六観音とよんでいます。真言宗では不空羂索《ふくうけんさく》観音が准胝《じゅんでい》観音に変わります。

しかし、ほかにも人々のさまざまな願いを受けて子安観音であったり、銭観音、身代観音から雷除け観音まで、まだまだほかにもいっぱい、観音さまが各地に祀られています。

観音さまは阿弥陀さまのお付きの菩薩さまとして、勢至《せいし》菩薩とともに、人が死ぬ時に西方阿弥陀の浄土から迎えに来てくださると信じられ、現世ばかりではなく後世をお願いする仏さまとしても信仰されてきました。

十一面観世音菩薩

えるものを」と願った資産家によって寄進されたものだそうです。四国の八十八カ所にならって、この近隣に八十八体の仏さまが置かれているそうです。

　西国街道を歩く私たちは、そのすべてを拝むことはできませんが、仏さまのお話なども少ししながら旅を続けたいと思います。海田宿を出ますと、次の宿場は今日のコースの終点、四日市宿（現在の西条）ということになります。

清水川神社

清水川神社

　江戸時代、清水川神社の社殿は北側を向いていたといいます。神社の北側には、西国街道が通っていて参勤交代の行列や旅ゆく人たちで賑わっていました。しかし、神社の前を馬に乗ったまま通ると、どんなに偉い人でも必ず落馬してしまったのだそうです。

　そこで社殿を西の方角に向けなおしたら、そのようなことがなくなったそうです。ご祭神は伊《い》邪《ざ》那《な》岐《ぎ》神（伊弉諾尊《いざなぎのみこと》）を祀っています。

池の鯉はどこへいった？

　清水川神社から西国街道に戻り歩きはじめますと、すぐ右に用水池があります。実はこの池では鯉が育てられていました。この道を初めて歩いた時にそれを確認しておいたのですが、な！なんと池の水がなくなっているのです。

　思わずどうしたんですか？と聞いてしまいました。すると「寒くなるので、春まで避寒させるため池から出したんですよ」と教えてくださいました。

　街道を歩いていると、いろいろな出会い、発見があってとても楽しいのです。

ぷつりと切れた西国街道

　鯉のいなくなった池からしばらく歩きますと、西国街道はなくなってしまいます。前にはシャープの工場！　やぁや？　西国街道はこのシャープの工場によって寸断されてしまいました。

　といってまさか、工場のフェンスを乗り越え、工場の建物の中を街道を追って忠実に歩くわけにもいきませんので……（こだわりたい方は、ぜひ挑戦してみてください）、左へ曲がって迂回していきましょう。工場の向こうに見事に続く道があるのですから感動です。

西国街道はシャープの建物に切られてしまいます

飢坂《かつえさか》をゆっくりと…

飢坂

　残っていました素敵な道が……。舗装の道をしばらく行くと、足裏にやさしい道に変わります。飢坂をゆっくりとあがります。

　あがりきると、えっ？こんなところがあったのと驚くほど、のどかな水辺の景色が開けます。満々と水をたたえた上池・中池・下池の3つ池は、中の峠池という総称でよばれています。

　この辺りでお昼のお弁当を広げてはいかがでしょうか。

中の峠池

コース 5 四日市（西条）から竹原・田万里まで

今日は松子山峠を越えるすばらしいコースです。倒木をくぐったり、またいだりしながら、すばらしい変化に富んだ道を竹原・田万里へとおりていきます。帰りは、西条駅か竹原駅へ行くバスを利用することになります。

52〜63ページ

ひげの梶さん おすすめポイント

西条駅 ◀ 御茶屋（本陣跡）◀ 歌謡坂の一里塚跡 ◀ 牛宮神社 ◀ かご松の碑 ◀ 松子山峠 ◀ 日向の一里塚跡

コース⑤ 全体図

今日のコースは、こんな倒木いっぱいの道を歩きます

みなさんと話しながら探歩していますと、のぼり道もなんなく越えられそう!?

交通アクセス

出発はＪＲ西条駅からですが、帰りは本文に紹介しています。
バス停から、西条駅または竹原駅へ出ることになります。

●JR「西条駅」
☎0824-23-3003

●芸陽バス西条営業所
☎0824-22-3126

大明神社 ◀ 茗荷清水跡 ◀ 荒神社 ◀ 熊野神社 ◀ 西立寺

コース❺

A 酒倉通りから、歌謡坂の一里塚へ

西条駅 ◀ 御茶屋（本陣跡）◀ 歌謡坂の一里塚跡

四日市宿・御茶屋跡

東広島市
至岡山
JR山陽本線
国道375号
中川
吉行
西条末広町
藤田沖
のどかな田園風景
田植え唄♪が聞こえてきそう….
賀茂鶴吉富蔵
国道375号
国道375号
ディック
金森池
市営土与丸
西条町土与丸
原上川
土与丸
土与丸信号
吉土実信号
歌謡坂の一里塚跡
次ページへ
ゆめタウン
啓文社
病院前
西条町助実

左竹原、右四日市の道しるべ

酒造倉の前でひとしきり話がはずみます

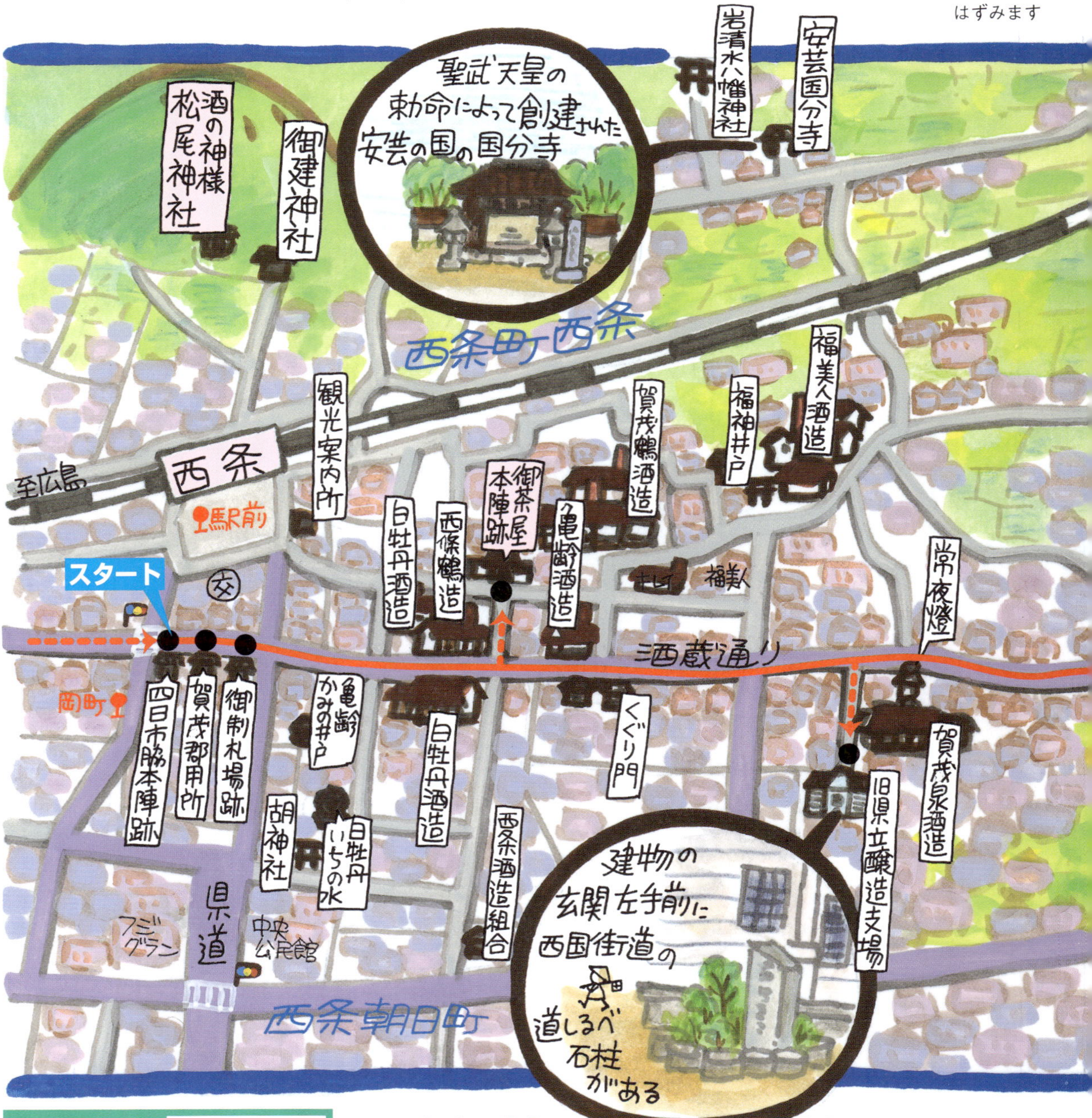

コース5 拡大図-A 四日市（西条）から竹原・田万里まで

B 歌謡坂からかご松の碑、松子山峠へ

歌謡坂の一里塚跡 ◀ 牛宮神社 ◀ かご松の碑 ◀ 松子山峠

牛宮神社の碑

竹原市
お殿様もかごをとめて休んだという
この先も延々と上り坂
かご松の碑
少しずつ上る
太平川
アスファルト道
迷Point 左に土道の脇道がある ここを入りましょう!
土道
松子山峠
西条町上三永
西条町下三永
ほんの少しの休けいスペースがある
↑この辺りから西国街道の道しるべが見えてくる
次ページへ

松子山峠への道、いいですね！

ここから左へ、旧道は舗装されていません

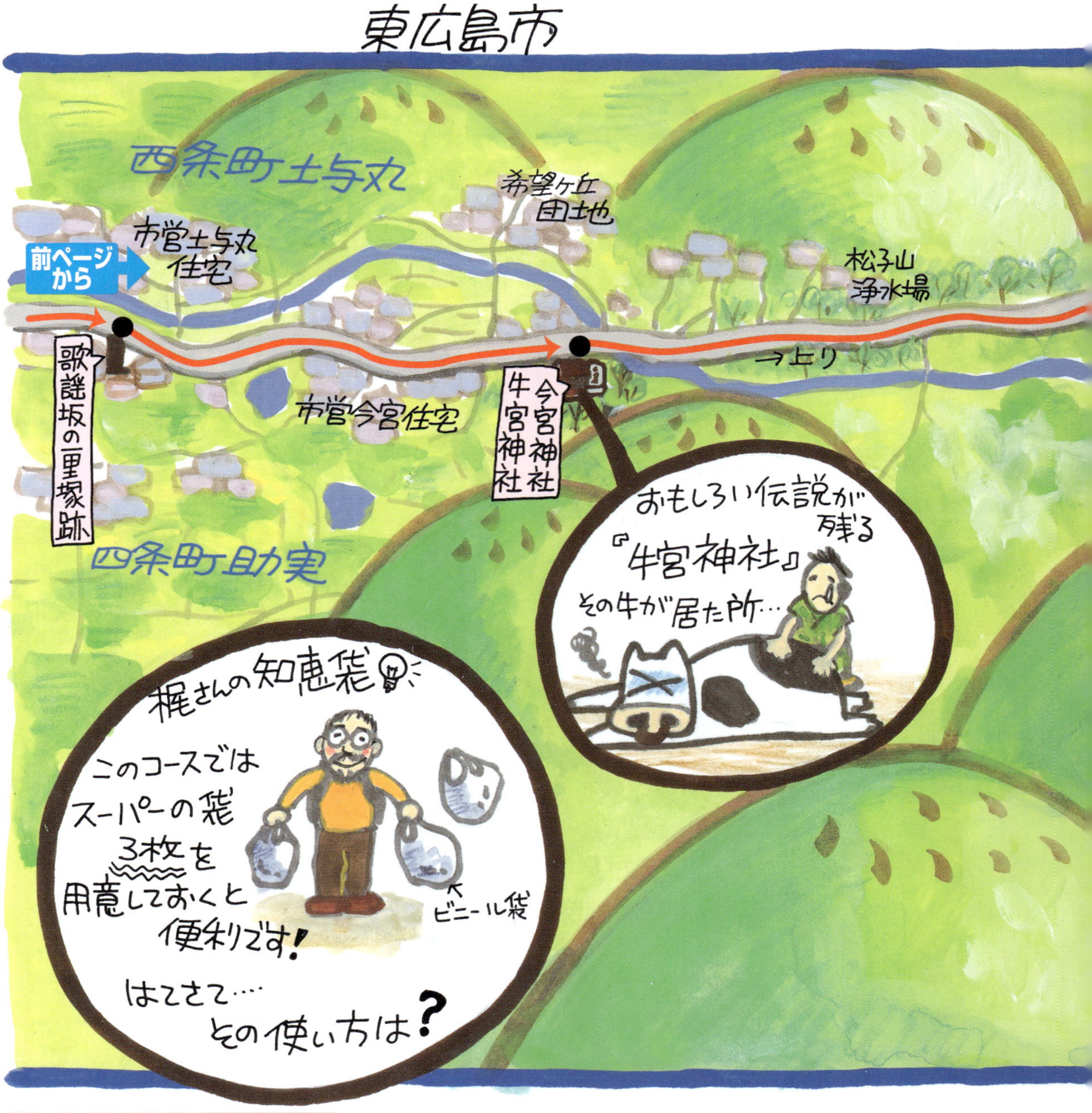
東広島市
西条町土与丸
希望ケ丘団地
市営土与丸住宅
前ページから
松子山浄水場
歌謡坂の一里塚跡
今宮神社
牛宮神社
市営今宮住宅
→上り
西条町助実
おもしろい伝説が残る
『牛宮神社』
その牛が居た所…
梶さんの知恵袋
このコースでは
スーパーの袋
3枚を
用意しておくと
便利です！
はてさて…
その使い方は？
ビニール袋

コース5 拡大図-B 四日市（西条）から竹原・田万里まで

松子山峠から竹原・田万里へ

松子山峠 ◀ 日向の一里塚跡 ◀ 大明神社 ◀ 茗荷清水跡 ◀ 荒神社 ◀ 熊野神社 ◀ 西立寺

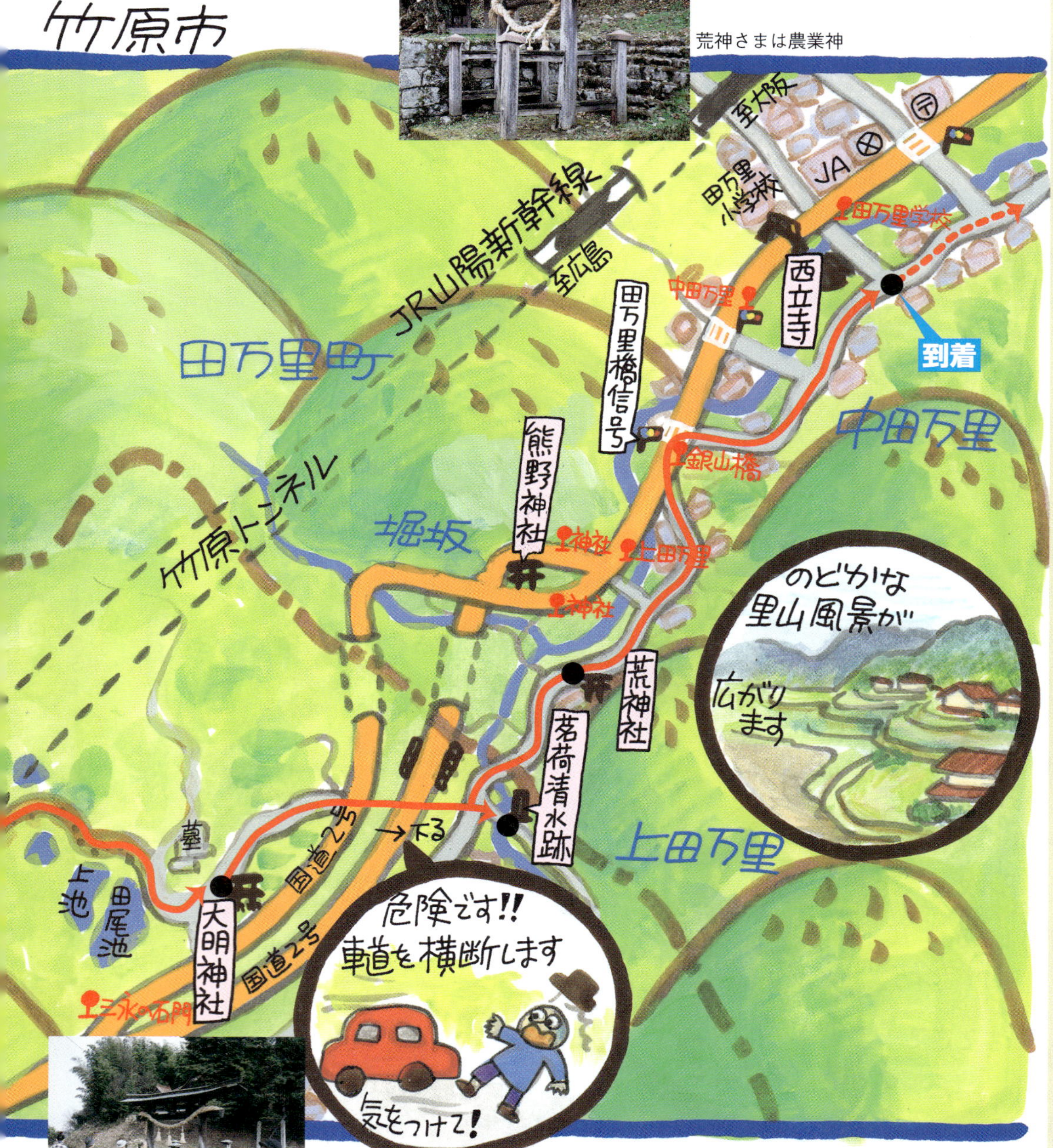

荒神さまは農業神

大明神社

高速道路工事中の道なき道をよじのぼります

旧山陽道松子山峠

松子山峠の碑

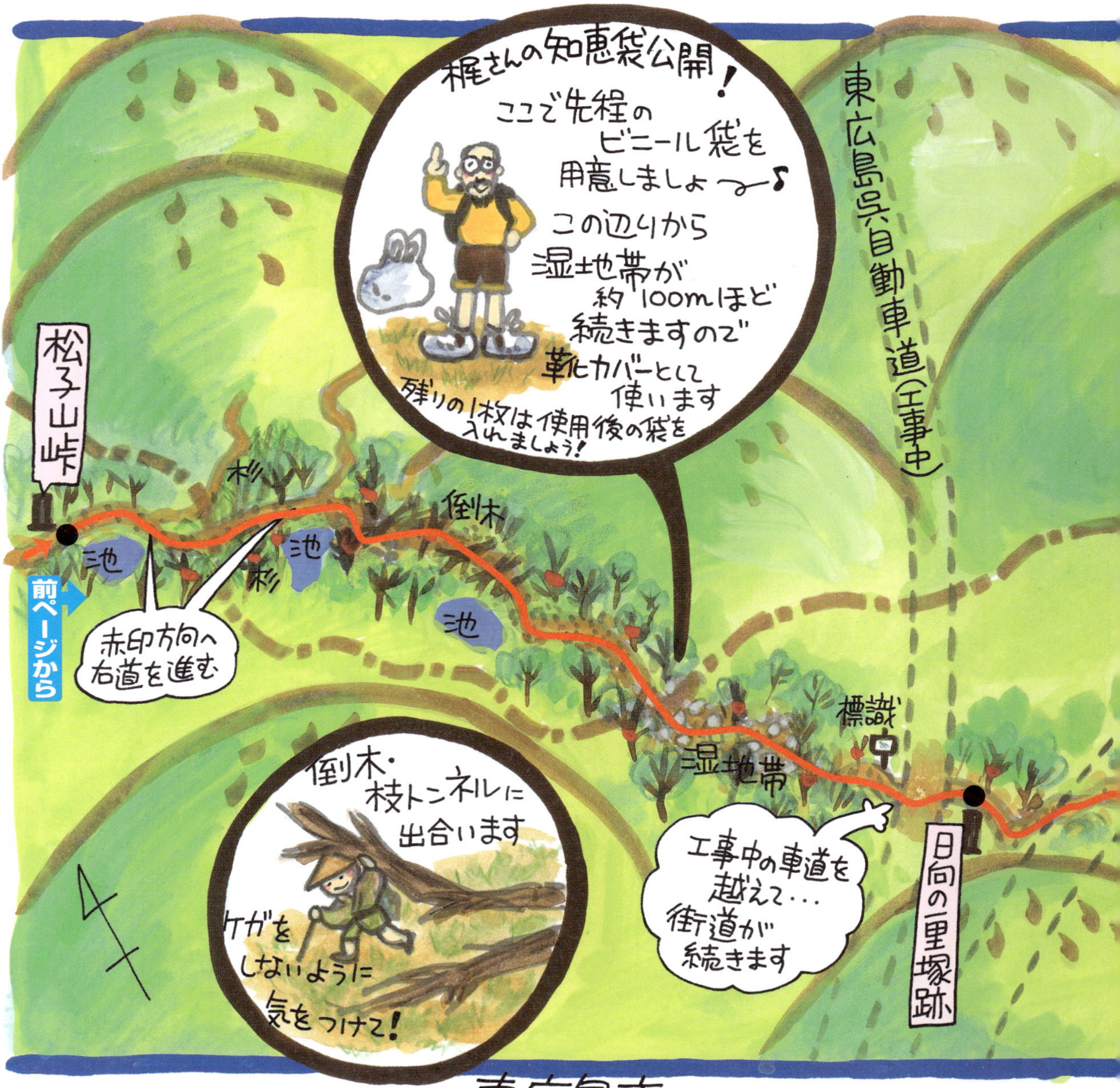
梶さんの知恵袋公開！
ここで先程のビニール袋を用意しましょ～♪
この辺りから湿地帯が約100mほど続きますので靴カバーとして使います
残りの1枚は使用後の袋を入れましょう！
東広島呉自動車道（工事中）
松子山峠
前ページから
杉
杉
池
池
池
倒木
赤印方向へ右道を進む
標識
湿地帯
日向の一里塚跡
工事中の車道を越えて…街道が続きます
倒木・枝トンネルに出会います
ケガをしないように気をつけて！
東広島市

コース⑤ 拡大図-C 四日市（西条）から竹原・田万里まで

酒倉の続く町並みを抜けて

西条駅前は発掘調査中でした

酒倉の続く町並みを抜けると、田んぼ道はゆっくり上りになっていきます。広島県内の西国街道の中でも想い出に残る感動のコースの一つです。ただ途中、トイレがほとんどないので西条駅を出発するとき、しっかりしていってください（しっかりもおかしな表現ですね……）。

頼山陽がこの峠から変装して脱藩、京へ向かったと言われる松子山峠を越えて感動の道が続きます。東広島のボランティアの皆さんが平成13（2001）年3月に倒れている木を除いたり、草刈りをしてくださったので今は通ることができますが、ひとりでも多くの方がこの道を訪ね、歴史の道を大切に歩いてくださらないと、また倒木や草の中に埋もれてしまいます。もっともっと歩いてくださいという願いを込めて本書を書いています。

さて、このコース、スーパーのビニール袋を3袋かならずご用意ください。歩くとおわかりいただけます。さあ驚きの連続！　竹原・田万里までの道をお楽しみください。

酒造庫の小路

道しるべ

「左竹原、右四日市」と刻まれた道しるべの石柱が、旧県立醸造支場の味わい深い洋館の玄関前にあります。街道の旅を続ける私たちには道しるべ石は、もうめずらしいものではなくなりましたが、旧名の四日市をしっかり確かめておいてください。

西条町は明治23（1890）年に周辺の村を合併して生まれました。ちなみにこの洋館は、昭和4（1929）年に建てられたものです。ここではかつて「明魂」というお酒が造られていました。小説家の井伏鱒二さんに「泣くほど旨い酒」と称賛されたお酒です。

柵の中の道しるべ石をのぞいています

歌謡坂《うたうたいざか》の一里塚跡

みなさん、「八本松から四日市まで」のコース、つまり、前回のコースで飢坂《かつえざか》を通りました。この飢坂と、これからお話しします牛満長者とは関係があるのです。大昔、土与丸《どよまる》（西条町）に牛万匹（牛満）という長者がいました。

この長者のところの田植えはそれはそれは賑やかで、一番東のはしのここ歌謡坂から唄を歌いながら田植えをはじめ、浜田（西条警察署の辺り）でお昼を食べ、さらに田植えを続けて夕方、飢坂のところにやっとたどり着くという気の遠くなるような田植えでした。

その田植えのスタート地点がここだったのです。ここから田植唄を歌いながら始められたので、歌謡坂という地名になったということです。ここには、西国街道の一里塚がありました。

歌謡坂の一里塚

牛満長者 どのようにして大金持ちになったのか

いやいや、すごい長者さんがいたものですね。しかし、この牛満長者には親の遺産が入ったものなのか、それともジャンボ宝くじでも当たったのか、どのようにしてそんな大金持になったのでしょう。

歌謡坂の一里塚からしばらく行きますと、右手に小さなお社があります。今宮神社（牛宮神社）とよばれています。

昔、むかし、ほうろくといって素焼きの土なべを商っている男がいました。男はこの先、私たちがこれから行きます松子山峠を越えてここまできました。

すると、弱った牛が寝ていました。かわいそうに思って「これ！牛や、元気を出さぬか」とお腹や背中をさすってやりました。なにしろ体が大きいものですから、お腹や背中をさするといったって、たいへんな面積です。でも商人は一生懸命に介抱をしました。しかし、牛は元気をとり戻すことなく死んでしまいました。

「かわいそうな牛よ！ かわいそうな牛よ！」と再びお腹をさすりますと、な！なんと牛は㊎に変わり、男は大金持ちになりました。

その牛がいたところに建てられたのが、このお宮と伝えられています。男は牛満長者とよばれるようになりました。

牛満長者ゆかりの社

かご松

昭和18（１９４３）年、樹齢４００年だ、５００年だ、いや７００、８００年だと言われた最古の往還松は枯死して切り倒されました。参勤交代のお殿さまも駕籠を止めさせて休んだので、「かご松」とよぶようになったと言われています。

中国行程記には「近辺に人家なし、立場（かご立て場）なり、諸大名上下の節は、四日市辺よりモチ、酒、茶菓物たくさん持ち来たる、景色よき所なり」と記されています。松子山峠への上り道はまだ続きます。

かご松の碑

松子山峠

舗装された上り道がしばらく続きますが、あと少しで上りきるかな？と感じられるあたり、気をつけて左を見ていてください。

直角ではなく、自然に斜め左に入っていく道、舗装されていない道があります。まさに旧道だなとわかる道ですので、注意していれば大丈夫です。舗装の道を歩いていくと下りになり、加茂広域行政組合の大きな焼却施設が見えたら、それは行き過ぎですので戻ってください。

しかし、実はトイレを使いたい方は、このコース、ここしかないのです。私の歴史探歩会では、組合にお願いしてトイレをお借りしました。とても親切に対応してくださいました。往復すると結構な距離になるのですが、この旧道の入り口からトイレのために行って戻りました。

松子山峠の碑

西国街道は左の土の道に入ります

さあ！松子山峠への道に入りましょう。聞こえてくるのは小鳥のさえずりと木々を渡る風の音のみです。坂道は険しく、道幅も狭くなります。

頼山陽が竹原から酒を飲みに西条へ出るときにいつも通った道、また、脱藩して京へ上るときはこの峠から変装して行ったと言われています。

東広島のボランティアの皆さんが倒木をどかし、草刈りをしてくださいました。本当に素晴らしい活動に感謝したいと思います。

しかし、今、一人でも多くの方が歴史の道を訪ね、歩いてくださらなければ、また道はなくなってしまいます。歩くことができなくなってしまいます。どうかこの本を手に、ひとつひとつ、焦らずゆっくり街道の景色を楽しみながら、全コースを歩いて見てください。

さあ、ビニール袋の登場だ！

長靴を履くにはあまりに大袈裟な距離、ほんの１００ｍ足らずなのですが、結構ぬかるんでいて、ずぶっと足がもぐり込みます。私の歴史探歩会のスナップ写真をご覧ください。

スーパーのビニール袋を3袋、必要とします。これを両足の靴の上からかぶせます。ぬかるみを抜け出したところで、汚れたビニール袋2袋を残りの袋に入れてリュックにしまってください。いや！楽しいですね。街道の旅にはいろいろな楽しみがいっぱいあります。次は何が待っているのでしょうか？

ビニール袋の使い方、とくとごらんあれ！

突然、目の前に要塞が！

ぬかるみの所を抜け出すと、道は下りになります。街道の旅は楽しいね！とワイワイ騒いでいたら突然道は切れ、目の前に巨大な要塞？　いやいや、西国街道は東広島呉自動車道（工事中）に寸断されてしまいました。

工事中のガラガラ道を気をつけて登って、向こう側へまわるしかありません（工事が完成すると、自動車道の下にトンネルが出来るとのことでした）。

突然切れる西国街道。東広島呉自動車道の工事現場

やっとの思いで向こう側に降りた所に、日向の一里塚跡の石碑があります。道の両側に残っていた全国でも珍しい一里塚であったそうですが（私も見ていません）、この自動車道工事のために取り壊されました。

狭い駕籠にゆられたお殿さまが、汗を流して荷を背負った旅人が、一生懸命越えてきた道の上を、スーっと走り抜ける自動車専用の道が交差する。時代の変化を2本の道が見事に演じて見せてくれているように思えました。

工事・建設中の高速道のむこう側に日向の一里塚

気をつけて渡ろう！国道2号

工事現場を過ぎると、また、のどかな街道が続きます。右に田ノ迫池、田尾池を見ながら進みます。途中、右手、田んぼの向こうの小高い所にとても雰囲気のいい里のお社が見えます。大明神社と呼ばれ、毎年9月17日がお祭りだそうです。

さて、道はこの先で国道2号、上り専用と下り専用の2本の道路を渡らなければなりません。西国街道は国道のがけ道を下っていきます。イラスト地図と写真で確認しながら気をつけて！気をつけて！進んでください。

気をつけて渡ろう！国道２号

ガードレールを越えたら下りです

茗荷清水跡

『芸藩通誌』に、「音に聞こえしみようがの清水、三原御前酒におとるまい」とその名泉を称えられた茗荷清水は、国道2号を乗り越えて、また静かな野の道になってすぐ、右にあります。

旅人はやっとここで一息、おいしい清水で元気をとり戻すことができたことでしょう。西国街道は右手の山裾を東へ、東へと進みます。

茗荷清水跡

疲れたら田万里のバス停まで、もう少し歩ける人は西野大橋のバス停までがんばりましょう

私たちが歩いています西国街道から少し離れた左手、国道2号を車が走るのが見えます。

その道を西条駅と竹原駅を結ぶバスが走っていますが、本数がとても少ないのです。

国道2号が近づいたところでバス停の時刻表を見て、ここで乗るか、待ち時間が多く、まだもう少し歩けるようでしたら先へ歩いてください。西野大橋のバス停まで歩くことができましたら、次回がとても楽になります。

コース 6 竹原・田万里から本郷まで

広島ご城下、元安川から東へ東への西国街道の旅も、はや6日目（6コース目）です。

今日は沼田川を渡って、本郷宿まで歩きます。

途中、街道は草におおわれ、道なき道となる所もこのコースにはありますが、イラスト地図をしっかり見ながら探歩してください。

64〜75ページ

西立寺 ◀ 間の宿跡 ◀ いぼ地蔵 ◀ 瓦坂峠 ◀ 南方村役場跡 ◀ 管公手堀井戸 ◀ 本郷駅

コース❻ 全体図

今日のコースにものどかな道があります

お宮の石段を上がると、二本松古墳が……

交通アクセス

ＪＲ西条駅から芸陽バスで前回歩いたところまで来て、そこからのスタートです。終着はＪＲ本郷駅です。

- **芸陽バス西条営業所**
  ☎0824-22-3126
- **JR「本郷駅」**
  ☎0848-86-2049

A 間の宿（茶店）跡を通り、湯坂温泉手前を山すそへ

西立寺 ◀ 間の宿跡 ◀ いぼ地蔵 ◀ 林光寺跡 ◀ 横大橋

西野大橋の信号で国道２号を渡ります

湯坂温泉郷

廃寺跡も目立ちます

里のお社はひっそりと守られています

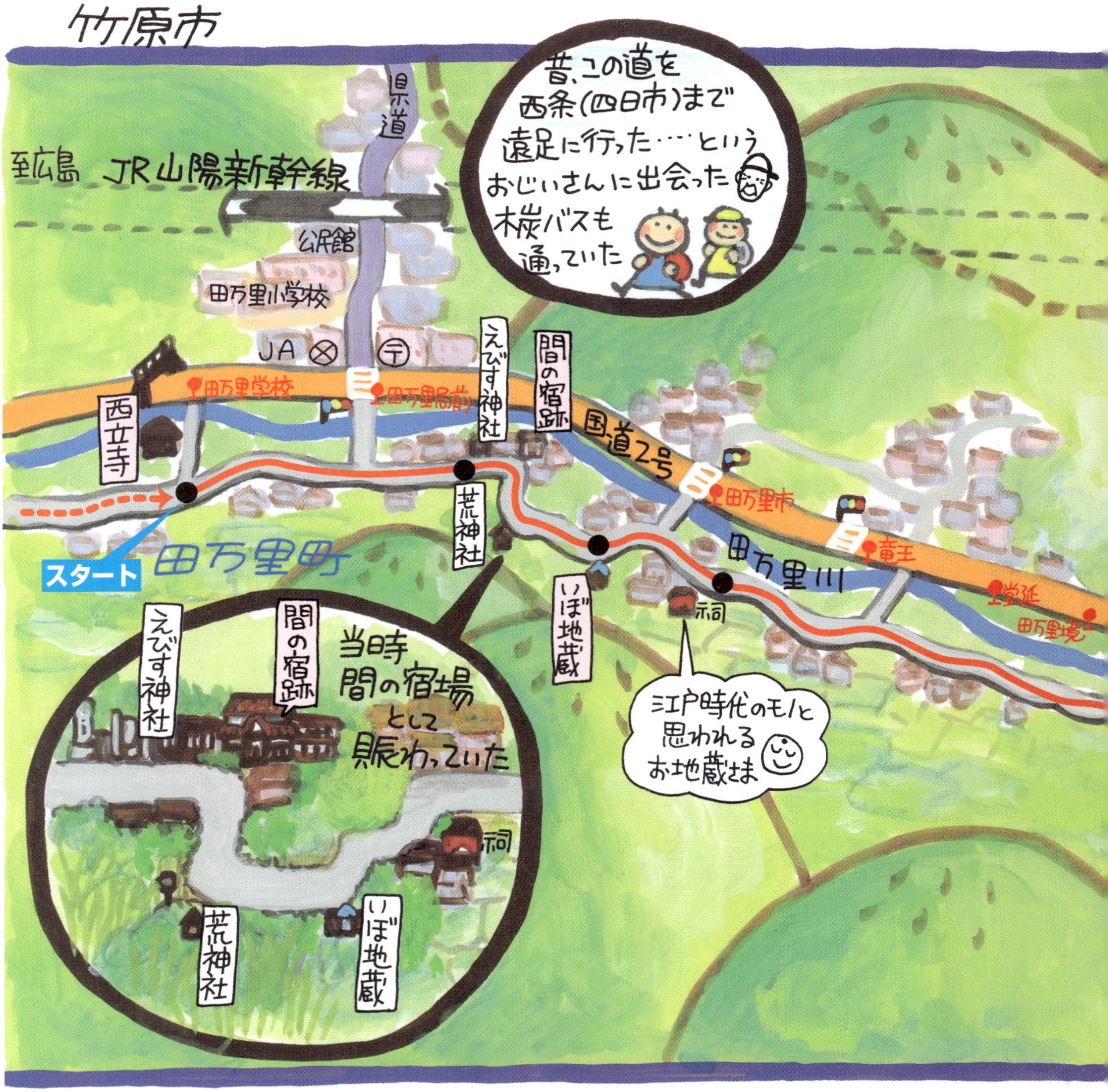
竹原市
県道
至広島
JR山陽新幹線
昔、この道を
西条(四日市)まで
遠足に行った……という
おじいさんに出会った
木炭バスも
通っていた
公民館
田万里小学校
JA
〒
西立寺
田万里学校
田万里局前
えびす神社
間の宿跡
国道2号
荒神社
田万里市
竜王
堂延
田万里境
いぼ地蔵
祠
田万里川
スタート
田万里町
えびす神社
間の宿跡
当時
間の宿場
として
賑わっていた
祠
荒神社
いぼ地蔵
江戸時代のモノと
思われる
お地蔵さま

コース⑥ 拡大図-A 竹原・田万里から本郷まで

コース❻

B 石畳を踏みしめ、瓦坂峠へ

横大橋 ◀ 瓦坂峠 ◀ 宗長神社

瓦坂峠へむかう入り口には、道しるべとお地蔵さまの小さな祠
（右手、道端の屋根つき「もの知りコラム❻」の写真参照）

豊田郡(本郷町)
至大阪
本郷トンネル
地方道
善入寺
ここから山道に入る
サテライト山陽
下る
高架下をくぐる
日名内上信号
日名内上
ジュース販売機
日名内
上北方
三本松古墳の石棺
宗長神社(南方神社)
次ページへ
サテライト山陽
(けいりん場外車券売場)
墓
下日名内
案内板
ホテル跡
追分
ニホンケミカル
民家
山道を歩く踏み跡も少ないヤブコギ道
夏場はマムシに気をつけて!
南方

ここで国道に合流です

上の草の土手を行きます

徐々に山道に入っていきます

竹原市
至広島
JR山陽新幹線
国道432号
中葛子
葛子川
ここから眺める景色もサイコー!!
瓦坂峠
雑木林の中をくぐり抜けます
横大橋
横大道信号
唐崎商店
石柱
横大路古墳群
土道
石畳道
地ぞう
徐々に山道に入っていく
前ページから
新庄信号
横大路古墳→の標識に沿って歩きましょう!
国道2号
新庄
新庄町

日曜日なのに誰にも会いません

コース⑥ 拡大図-B 竹原・田万里から本郷まで

コース⑥

C

古墳群を抜け、新高山城跡を望む

宗長神社 ◀ 南方村役場跡 ◀ 管公手堀井戸 ◀ 本郷駅

新高山城本丸跡
古高山城跡
古高山
三原市
至広島
至大阪
第二高山トンネル
御茶屋（本陣跡）
円光寺
本郷小学校
寂静寺
本郷駅前
JR山陽本線
至岡山
西念寺
到着
役場前
役場
消防署
東洋製缶
ミハラスーパー
本郷中央病院
コカコーラウエストジャパン
関西薬局
沼田川
国道2号
新本郷橋
見川団地
地方道
下北方
梅木平古墳
本郷中学校
石柱
心光寺
専教寺
牛神さま
甑天満宮
管公手堀井戸
荒神社
本郷橋
原市
よこみ寺跡、右は高木山城跡の石柱
恵美須神社
色んなところに鯛が隠れていますよ！

甑天満宮への石段

南方村役場跡

豊田郡（本郷町）
JR山陽新幹線
至広島
本郷トンネル
下組
地方道
梨和川
貴重な古墳の数々
時間のゆとりがあったら…
見学しましょう
地ぞう
上方橋
宮地川
南方橋
コマツ
下尾原
御年代古墳
南方村役場跡
貞丸古墳
大日堂
宗長神社（南方神社）
二本松古墳の石棺
地ぞう
地ぞう
石柱
石柱
標柱
JA
尾原
上尾原
歴史の散歩道案内板
尾原川
南方
前ページから
史跡 貞丸古墳

貞丸古墳

コース6 拡大図-C 竹原・田万里から本郷まで

四日市宿と本郷宿の間は、西国街道の中で最も長い6里の距離

参勤交代のお殿さまの行列が進んだ道は、明治に入って国道となり、小さなボンネットのバスが走りました。中国駅伝の走者が走った道でもあります。

しかし、今は伸びた草と倒木の中、前を歩く人と2mも離れれば、もう山の中にただ一人と感じてしまうほど、草深いところもあります。また、一方では新しい道路に分断されたところ、重なりあったところもあります。

どこに旧道（西国街道）は残っているのだろうと考え、探しながらの街道の旅は、東海道を歩く旅とは、ひと味違った楽しみがあります。今日のコースもそんな楽しいコースのひとつです。どうか、ゆっくり、ゆったり味わってください。

四日市宿（西条）と本郷宿との間は西国街道の中でも、最も長い6里（約24km）の距離です。険しい峠道も、いま車で走れば30～40分、しかし、ゆったりと歩くスピードが山の美しさを、木々の輝きを、路傍の石仏のやさしさを私たちに気づかせてくれます。

静かな道が続きます

田万里から歩きます

現在の私たちには、しかもゆっくり街道筋を探歩する私たちには、一日で四日市宿（西条）から本郷宿までの6里の峠道は苦しいので、前回、

国道を渡って旧道を歩きます

田万里まで歩いてそこからバスに乗って戻りました。

今日はその続き、西条駅前から芸陽バス竹原行きに乗るのですが、本数が少ないので時間を確認してください。降りるバス停は、前回乗ったバス停まで、すなわち前回歩いた所までバスで行き、その先を歩くことにしたいと思います。田万里は、四日市宿と本郷宿のほぼ中間にあたります。

中国行程記には「この所よき茶店多し」と記入されています。かつては旅人相手のお休み処が並んでいたのでしょう。国道2号の右側の山裾を進んだ旧道は、湯坂温泉の少し手前、西野大橋のバス停の信号のところから国道を渡って左側の山裾へと入っていきます。

道しるべ

ひげの梶さん　西国街道　もの知りコラム

6

お地蔵さま　ふたりの王さま

昔、むかし二人の王さまがいらっしゃいました。二人の王さまは仏さまのご説法を聞かれてから、この世で苦しんでいる人々を救ってやりたいと願うようになりました。

一人の王さまは、一日も早く悟りをひらいて仏になり、人々を助けようと思いました。もう一人の王さまは居てもたってもおられず、いますぐ人々を救って、それから自分は仏になりたいと思いました。

二人の王さまの後の方の王さま、いますぐ人々を救わなければ自分は仏にはなれないと願われた王さまが、地蔵菩薩さまであるといわれているのです。

お地蔵さまは今もみんなに信仰されて、いつもお花が絶えません

街道の左手に古墳がいっぱい

沼田川に沿って開けた地域は、古代から人々が住む実り豊かな土地であったようです。

今日のコースでは、幾つもの古墳への標識を山裾の方向に見てきました。御年代《みとしろ》古墳そして梅木平《ばいきひら》古墳、時間ともう少し歩いても大丈夫という体力に余裕がある方は、ぜひ立ち寄ってください。

ずっと手前になりましたが、田万里から歩き始めてしばらくすると、瓦《かわら》坂《ざこ》峠への上りになりましたね。その上り始めたあたり、横大道の道しるべとお地蔵さまの先に、横大路古墳の標識がありました。覚えていらっしゃいますか。古墳というより古墳群、11基の古墳があり、金銅製の冠の一部や鉄の馬具なども出土しているようです。

ふり返ると湯坂温泉も遠くに（瓦坂峠へ向かって）……

梅木平古墳の入口

天神さまの井戸

延喜元（901）年1月27日、菅原道真を大宰府に送る使いが選ばれました。そして2月1日、道真は一言の弁明も許されぬまま、門弟の味酒安行らを伴って京都を発っていきました。

藤原時平の讒言《ざんげん》にあって都から遠く離れた大宰府に大宰権師として送られるのです。その途中、本郷町のこの地に上陸した道真は、里の人々が水不足で大変困っていることを知り、自らが井戸を掘り始めました。

すると、こんこんときれいな水が湧き出しました。人々は大喜び、感謝の気持ちを込めて、干《ほ》し飯《いい》を甑《こしき》（蒸し器）で蒸して差し上げました。天神さま・菅原道真が手掘りされたという井戸が皆さんの目の前の井戸、手前、西国街道から石段をあがったところが甑天満宮です。

里人たちはこのご恩を忘れないようにと、道真公に差し上げた干し飯を蒸した蒸し器を御神体として祀りました。そこで甑天満宮と呼ばれているのです。

天神さまの井戸

沼田川の東側に古高山城 西側に新高山城

沼田《ぬた》川に架かる本郷橋まで来ました。左手を見ますと、川を挟んで2つの古城山が見えます。川の右手、すなわち東側が古高山城、土肥から新しい姓・小早川を名乗った小早川家の茂平（実平の孫）によって築城されたと伝えられています。小早川本家は実平・遠平・景平・茂平と続きます。

さて、川の左手の新高山城、このお城は時代が下がって、天文19（1550）年に養子として古高山城に入った17代目・小早川隆景（毛利元就の3男）が竹原小早川家と沼田小早川家の両家を統一、家中の紛争を鎮め、人心の一新を狙って天文21（1552）年に築いた城です。

その後、慶長元（1596）年、海岸の水軍城として沼田川の河口に三原城を築き、軍港を兼ねた城郭に本拠を移すまでの間、新高山城は小早川氏の本拠地でありました。

沼田川をはさんで２つの古城

沼田川を渡ると小さなお堂が…

ひげの梶さん 西国街道 もの知りコラム 7

小早川家の祖・土肥実平

伊豆の蛭ヶ小島に流されていた源頼朝は治承4（1180）年に挙兵します。その挙兵に応じて立ち上がった関東武士の一人に相模国は土肥郷、熱海と小田原との間に湯河原という静かな温泉場がありますがそのあたり、もし皆さんが湯河原温泉に行かれることがありましたら駅前の小さな広場に立つ銅像、それが立ち上がった関東武士の一人、土肥実平の像です。

土肥実平および一族の墓は駅の裏の城願寺にありますが、駅前の道を右の方へ進みますと交差点の信号は土肥、まさに土肥の里であります。

さて、挙兵しました頼朝主従は石橋山で合戦をしますが敗れます。頼朝はやっとの思いで真鶴の岬へ逃げ出し小舟で房総半島へ渡ります。箱根の山中を逃げ惑う頼朝の危急を救ったのも土地勘のある土肥実平であったと言われております。

その後実平は、源義経に従って木曾義仲を琵琶湖粟津に滅ぼし、続いて一ノ谷、屋島、壇ノ浦と戦また戦の日々で戦功をたてていきます。

しかし、文治5（1189）年の頼朝の奥州征伐に参陣した後、建久2（1191）年以後、鎌倉の史料からは消えてしまいます。

ところが、ここ沼田川の流域に土肥一族の名前が出てくるのです。平安時代の末、沼田川流域一帯はご本堂の名前・三十三間堂でおなじみの京都・蓮華王院の荘園、沼田荘でありました。三十三間堂・蓮華王院は後白河法皇が建立したお寺、法皇は建立にあたって、その荘園の一つとして沼田荘を寄進したものとみえます。

さて勲功を立てた土肥実平・遠平父子は始め、備前・備中・備後3国の守護の地位を与えられますが、後に平家没官領の一つでありますここ安芸国沼田荘の地頭職をもらって、一族をあげて相模国から移ってきたというのです。そして、新しく小早川の姓を名乗り西国の新領地の経営に乗り出していきました。

コース7

本郷から三原ご城下まで

今日は本郷から歩きはじめ、小早川隆景によって築かれた三原城のご城下までむかいます。
前コースまでと比べ、ほとんどアップダウンのない道です。
車の排気ガスも浴びますが、
のどかな田んぼや畑の中の道もありますので、のんびり探歩してください。

ひげの梶さん おすすめポイント

本郷駅 ◀ 納所橋 ◀ 米山寺 小早川家墓地 ◀ 八重垣神社 ◀ 八坂神社 ◀ 西惣門跡 ◀ 三原城跡

76〜87ページ

コース⑦ 全体図

本郷宿の寂静寺、街道沿いのお寺さんは目印にもなります

交通アクセス

JR本郷駅から歩きはじめて、JR三原駅までです。

●JR「本郷駅」
☎0848-86-2049

●JR「三原駅」
☎0848-62-4770

三原駅 ◀

コース7

A

本郷宿をスタートし、米山寺へ

本郷駅 ◀ 納所橋 ◀ 米山寺・小早川家墓地 ◀ 長谷橋

寂静寺

寂静寺

豊田郡(本郷町)
三原市
県道
沼田町
神社下
小坂町
吉行山トンネル
JR山陽新幹線
至大阪
三原菱重機工
長谷工場の手前
斜め左の道へ
入る
大板
長谷町
長谷宮第5踏切
JR山陽本線
仏通寺川
伊藤ハム
長谷橋
三原菱重機工
沼田川
本市橋
長谷橋
次ページへ
沼田東町納所
橋向こうの
階段へ
車に気をつけて!

米山寺・小早川家墓所

宿場町本郷には味わい深い水路が……

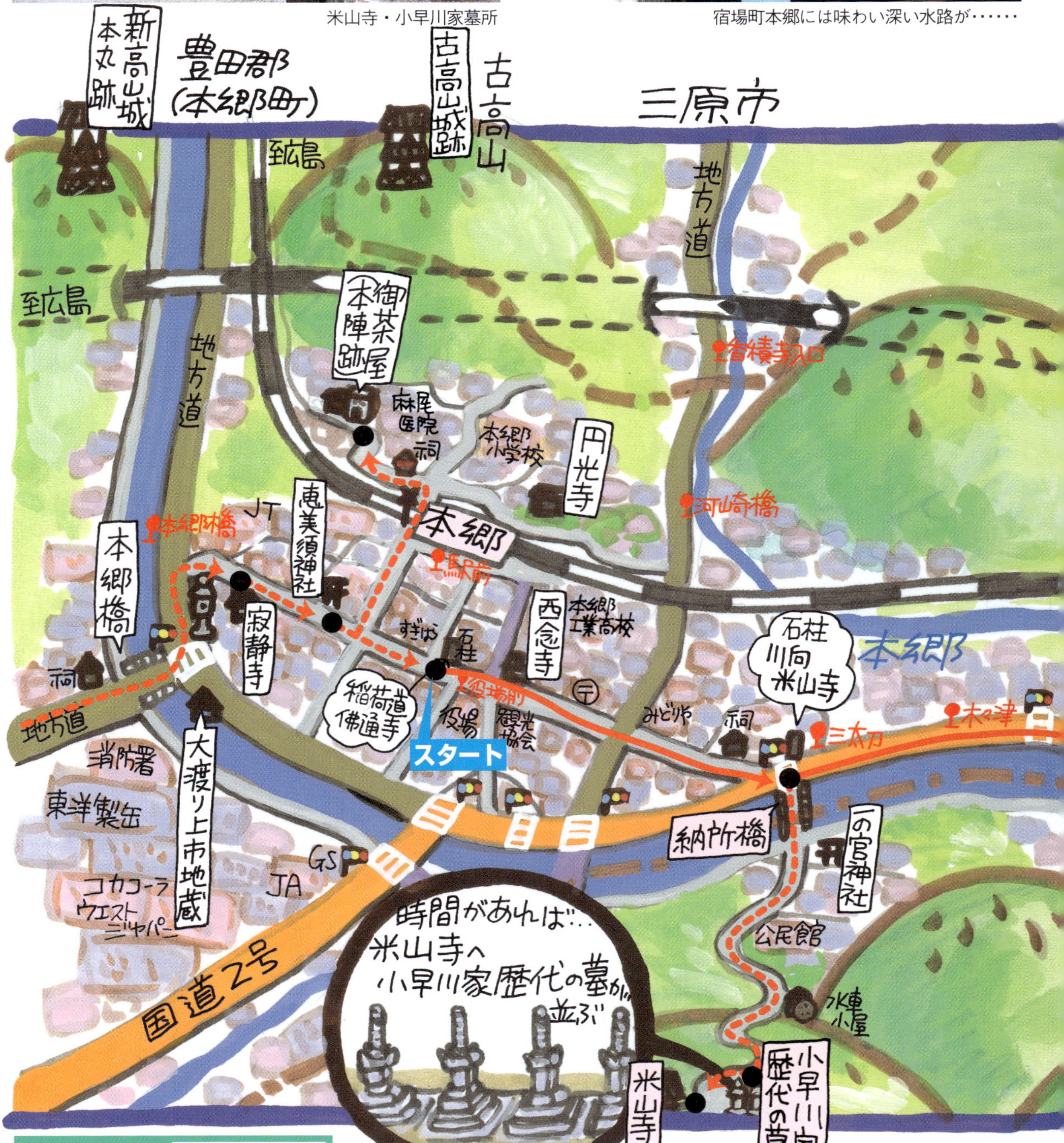

新高山城本丸跡
豊田郡（本郷町）
古高山城跡
古高山
三原市
至広島
至広島
地方道
地方道
地方道
御茶屋本陣跡
麻尾医院
祠
本郷小学校
円光寺
香積寺入口
河山崎橋
本郷
駅前
恵美須神社
本郷橋
本郷橋
JT
寂静寺
すぎはら
石柱
稲荷道佛通寺
スタート
役場前
役場
観光協会
西念寺
本郷工業高校
石柱川向米山寺
本郷
みどりや
祠
三太刀
本々津
祠
消防署
東洋製缶
大渡り上市地蔵
GS
JA
コカコーラウエストジャパン
納所橋
一の宮神社
公民館
水車小屋
国道2号
時間があれば…米山寺へ小早川家歴代の墓が並ぶ
米山寺
小早川家歴代の墓

コース⑦ 拡大図-A 本郷から三原ご城下まで

B 沼田川沿いを三原に入る

長谷橋 ◀ 八重垣神社

Coca-Cola
アマノ

冷たい飲みもので一息いれて……

三原市

沼田町
長谷町
至大阪
頼兼トンネル
小野テル子さん宅
昔、お殿様が休んで
お酒を飲まれた…という
酒道具がある
この家の前を
街道が
通っていたが
今は道が
ふさがっている
瘡神社
新倉町
至岡山
瘡神社入口
次ページへ
JR山陽本線
バイパスの高架下
市内の方へ
左へいく
三原バイパス
街道は
ここから
県道に
つながる
末満屋
山陽
レミコン
木ノ井
祠
中国電力
変電所
七宝橋
新橋
新橋信号
木ノ井バス停信号
地方道
明神
新倉
定屋大橋
沼田東町七宝
明神町

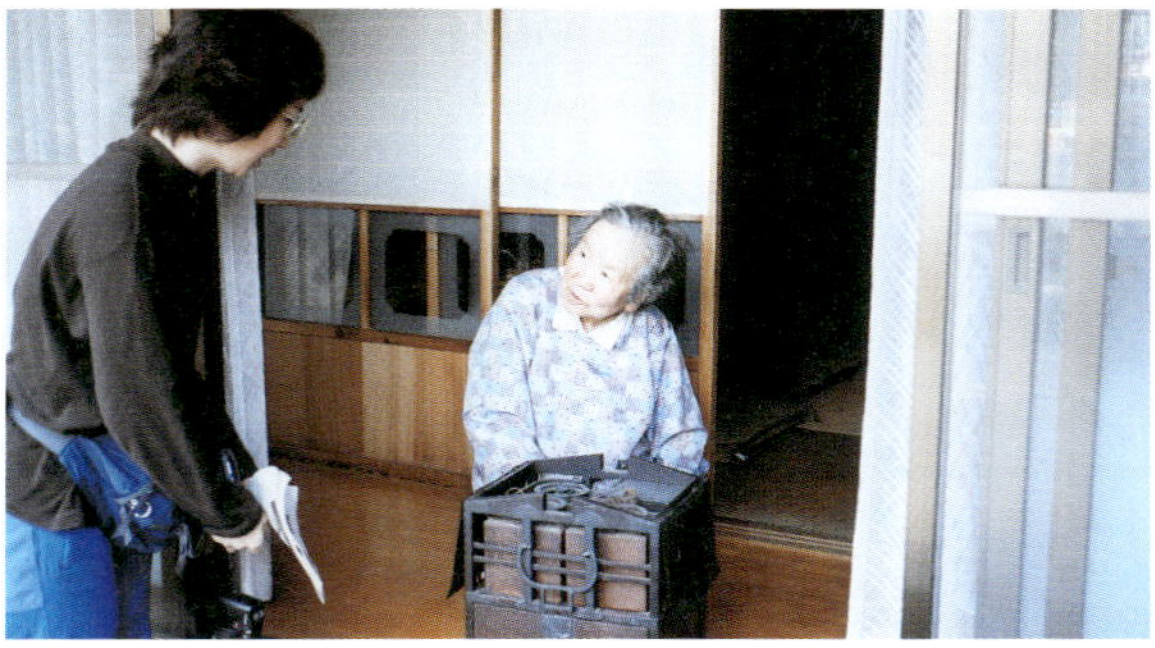
小野テル子さんに酒道具を見せていただきました

車がわきを追い越していきます

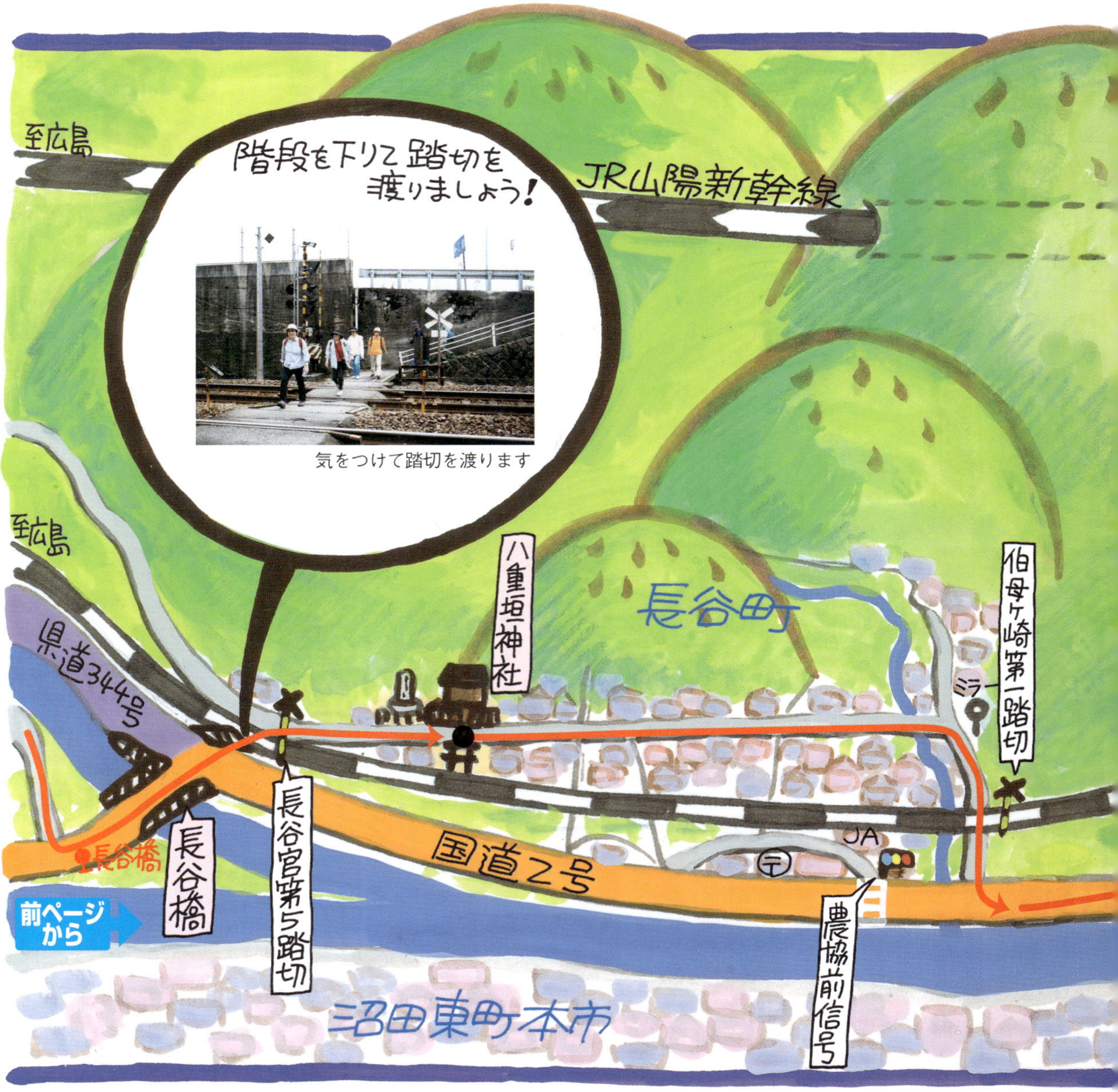
至広島
JR山陽新幹線
階段を下りて踏切を渡りましょう!
気をつけて踏切を渡ります
至広島
県道344号
八重垣神社
長谷町
伯母ケ崎第一踏切
ミラー
JA
国道2号
長谷橋
長谷橋
長谷宮第5踏切
農協前信号
前ページから
沼田東町本市

コース⑦ 拡大図-B 本郷から三原ご城下まで

コース7

C 備後国・安芸国の国境を抜け、三原城下へ

国境の碑 ◀ 八坂神社 ◀ 西惣門跡 ◀ 三原城跡 ◀ 三原駅

国境の碑

山麓にお寺が続く三原ご城下

三原ご城下・八坂神社

コース⑦ 拡大図-C 本郷から三原ご城下まで

沼田川沿いを三原へ

前回、私たちは沼田川に架かる橋を渡って本郷宿の中を進んで左折、JR本郷駅まで探歩しました。覚えていらっしゃいますか？

今日は旧道まで出て左へ、西国街道をさらに東へ東へと進みたいと思いますが、ちょっとその前に少しのお時間をいただいて今では駅の裏、線路を渡った側に本郷宿の本陣跡がありますので、お訪ねいただきたいと思います。本陣へ行かれたら、再び西国街道に戻ってください。

沼田川はゆったり流れていました

静かな商店街（西国街道）を抜けてしばらく進みますと、沼田川にぶつかります。川に沿って歩くのですが、ここでまた寄り道、街道から別かれて往復4km、小早川家の菩提寺米山寺をお参りしていただきたいと思います。

三原ご城下までの道は、車の多い国道と重なりあうところが多いので、この米山寺往復ののどかな道はこのコースの一番の見所。歩き所かも知れません。米山寺入口から三原への道は、排気ガスを浴びながら歩くところも多く、ちょっぴり辛いかもしれませんが、定屋大橋まで来て左に折れればもう三原のご城下に近づきました。途中、安芸国と備後国の国境碑を確認しながら、ご城下山沿いの旧道を進みます。

西国街道は国道と重なっています

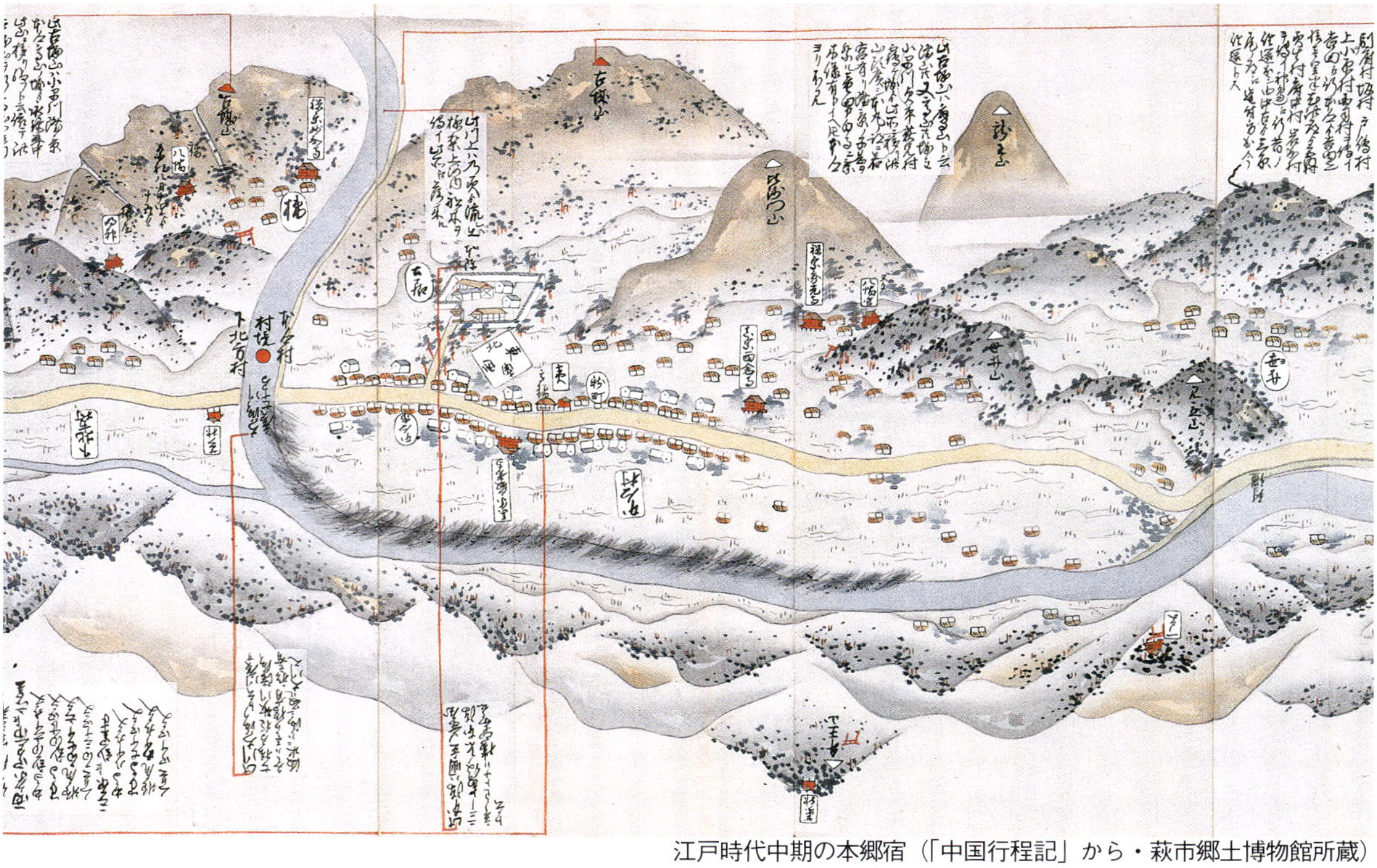

江戸時代中期の本郷宿（「中国行程記」から・萩市郷土博物館所蔵）

本郷宿の本陣

沼田川をはさんで2つの古城山（高山城・新高山城）を左に見ながら本郷の宿場へ入った私たち、今日は本郷橋を簡単に渡ってきましたが、江戸時代は本郷橋の上流20ｍのあたりに渡し場があったようです。満水には渡し留めもあり、旅人は難儀をしたことでしょう。

　さて、中国行程記を見ますと宿《しゅく》の中ほどに夷《えびす》と入っています。今も同じ位置に恵比須神社があり、かつてはここに高札場があったようです。街道から左手奥少し入ったところに「御茶屋」とよばれる藩主の別荘を参勤交代の大名や幕府役人の宿にあった本陣がありました。現在は、ＪＲ山陽本線の踏み切りを渡って左へ入ると麻尾医院のとなり、本陣・御茶屋のお家が残っています。四日市（西条）から六里、三原のご城下までは二里半のところに、ここ本郷宿はありました。

本郷宿の御茶屋跡（ご本陣跡）

佛通寺への道しるべ

恵比須神社の前を進むと、左へ折れる道の角に佛通寺への道しるべがあります。佛通寺から久井を経て、三次へ抜ける道が続いていました。佛通寺は沼田川のところで、仰いできました。沼田高山城の城主・小早川春平が応永４（１３９７）年に名僧愚中周及《ぐちゅうしゅうきゅう》禅師（大通禅師）を迎えて建立しました。わが国でも有数の参禅道場として知られる臨済宗佛通寺派の大本山です。

　禅宗には曹洞宗と臨済宗とがありますが、曹洞宗が能登半島の奥の総持寺や福井の山の中の永平寺のように参禅の道場を人里離れて開いていったのに対して、臨済宗は鎌倉そして京都に時の権力者の帰依を受け、大伽藍《がらん》を建立していきました。大通禅師はそんな権勢に媚びる京都五山に対抗して、仏法参禅の道場を開山したと言われております。

　かつて佛通寺は山内に88ヶ寺、全国に末寺が３０００余ヶ寺と栄えておりましたが、応仁の乱後に荒廃し、幾多の興亡の歴史を経て今日に至っています。

　西国街道からは離れますので街道の旅としては今回訪ねませんが、ぜひ一度お参りしていただきたいと思います。ＪＲ三原駅から佛通寺行きのバスで40分くらいです。

仏通寺道の道しるべ

小早川家菩提寺・米山寺への道

小早川氏の菩薩寺への道はのどかな道です。沼田川の土手にぶつかった私たちは土手にあがって道を左へ進みます。ほどなく納所橋の信号に出ます。道の左を注意してみていただきますと、米山寺への道しるべに気づかれることと思います。信号を渡って納所橋にかかれば、ほっとのびやかな気分になります。

ここから約2㎞、米山寺への道は三原ご城下までの西国街道が国道と重なりあい味気のない道が多いだけに、今日のコースのやすらぎ散歩道となります。私の歴史探歩会（190ページ参照）でも米山寺は、西国街道を歩くコースの見学地の中にくみ入れております。ぜひ皆さまも訪ねてください。

米山寺は曹洞宗のお寺、宝篋《ほうきょう》印塔が20基、10基ずつ2列に並んだ小早川氏歴代の墓所があります。沼田荘の地頭小早川茂平によって嘉禎元（1235）年に建立されたと伝えられています。

のどかな道を気持よく歩きます

米山寺への道しるべ

米山寺

従是東備後国、従是西安芸国

昭和48（1973）年刊の『山陽路四十八次』（中国新聞社編）の中には「蜀山人は『右に従是東備後国、従是西安芸国界ということを記せる石表たてり』と、道標があることをしるしているが、今は砕石場となって山はくずれ、ダンプカーの出入りがはげしく、道標は見当たらない。『近年まで山にころがっていたのに、残念です』と郷土史家は嘆く。」と書かれています。

蜀山人《しょくさんじん》とは、江戸時代の狂歌・狂詩・狂文・洒落本《しゃれぼん》・咄本《はなしぼん》の作者として有名な大田南畝《なんぽ》のことですが、この大田南畝は狂歌の作者としてイメージが強く、父から家督を継いだ幕臣としての面はあまり知られていません。

瘡神社への入り口、お参りに行かれるおふたりでしょうか

寛政6（1794）年、46歳にして幕府の学問吟味を受験して首席となっています。そして文化元（1804）年には長崎奉行所の支配勘定役として赴任していますので、長崎への道中にこの備後国と安芸国との国境を通ったのでしょう。いま、右に広島県立保健福祉大学へ入る道の入り口、道の左側にこの碑は残されています。

もう少し先までは歩けるのですが、それ以上は無理なのです

小野さんのお家の前を西国街道が……

コース
8
三原ご城下から尾道まで

ＪＲ三原駅構内から三原城へ出られる出口があります。矢印標識がありますので、おわかりになると思います。まずはお城からスタート、そして海沿いの道を尾道まで歩きます。これまで山の中の道が多かったので、静かに往き交う船を見ながらの街道の旅もまた、味わい深いものがあります。

88〜97ページ

ひげの梶さん おすすめポイント

三原駅 ◀ 三原城跡 ◀ 熊野神社 ◀ 東惣門跡 ◀ 糸崎駅 ◀ 糸崎神社 ◀ 六本松の一里塚跡

コース8 全体図

右手に海を…のすばらしい道なのですが、今は国道を走る車の排気ガスを浴びてしまいます

八幡さまの参道入り口に石の鳥居が…今日の終着の尾道に入りました

交通アクセス

JR三原駅からスタートしてJR尾道駅まで歩きます。

●**JR「三原駅」**
☎0848-62-4770

●**JR「尾道駅」**
☎0848-22-4724

巌嶋神社 ◀ 大人峠の一里塚跡 ◀ 茶堂大師 ◀ 薬師堂 ◀ 尾道駅

浮城・三原城を眺めながら、古い町並みを行く

三原駅 ◀ 三原城跡 ◀ 熊野神社 ◀ 東惣門跡 ◀ 糸崎駅 ◀ 糸崎神社 ◀ 六本松の一里塚跡

三原市
備後トンネル
陸橋を渡り
線路を越える
㊟車道と歩道が
分かれている
ここを上る
車道
糸崎町
天満宮
糸崎駅前信号
三菱病院
三原第一中学校
駅前
にしだ幼稚園
糸崎小学校
たづる
広銀
糸崎
太平洋セメント
三備アルミ
糸崎倉庫
エッソ
子守地蔵
3つの祠
井戸と2つの祠
港口
小松屋店
公園
県道
国道2号
糸崎神社
六本松の一里塚跡
至尾道
生商船
ここでひと休憩!
磯の香りが広がる
糸崎港
静かな民家の中を通り抜けます
宇部三菱セメント
神社前信号
糸崎神社前
次ページへ

いいな！西国街道のんびり歩きましょう

熊野神社への参道

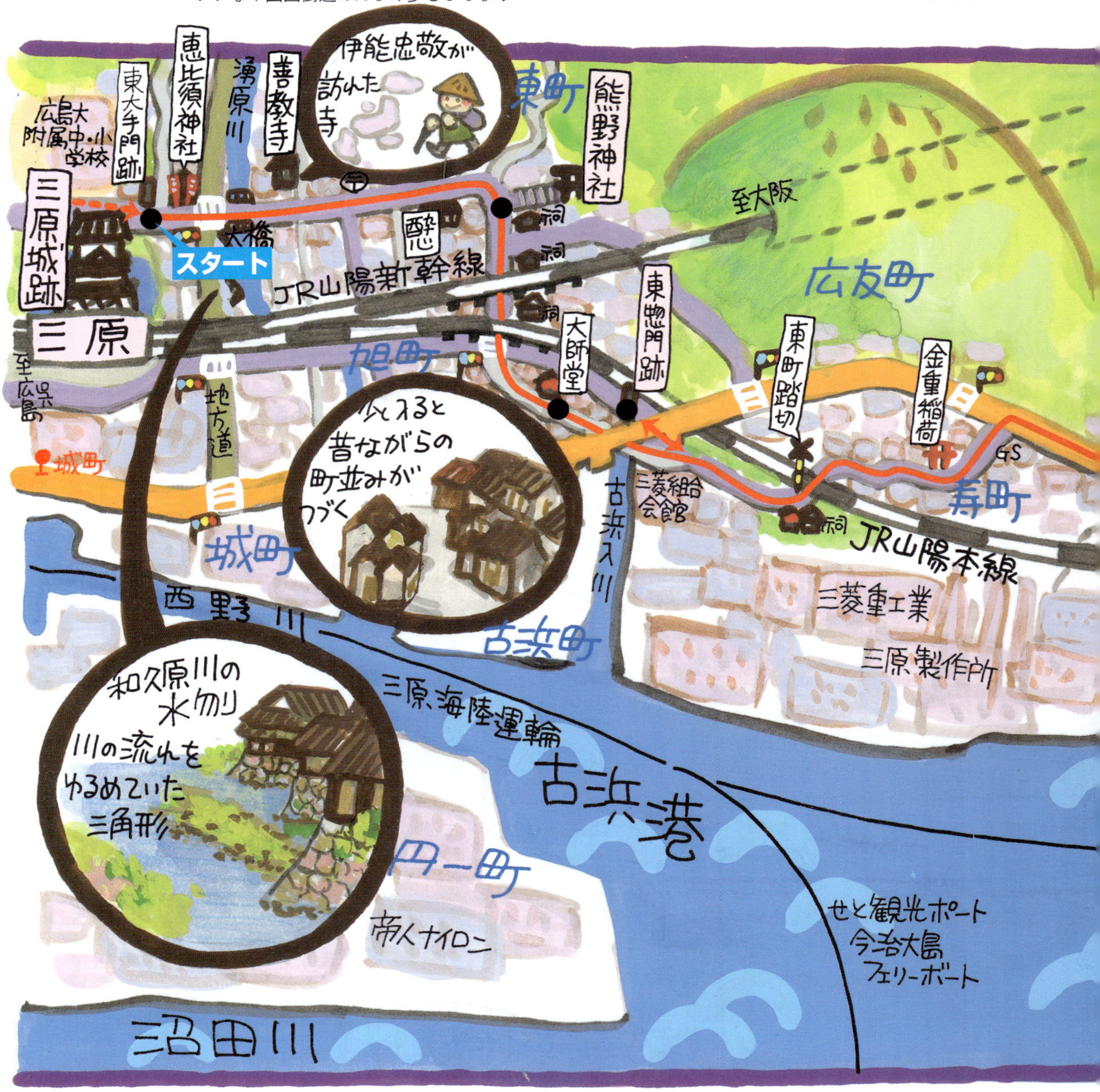

コース⑧ 拡大図-A 三原ご城下から尾道まで

コース8

B

糸崎神社を過ぎ、海沿いの街道を歩く

六本松の一里塚跡 ◀ 厳嶋神社 ◀ 大人峠の一里塚跡

ここ糸崎の港でお弁当をいただくのもおすすめです

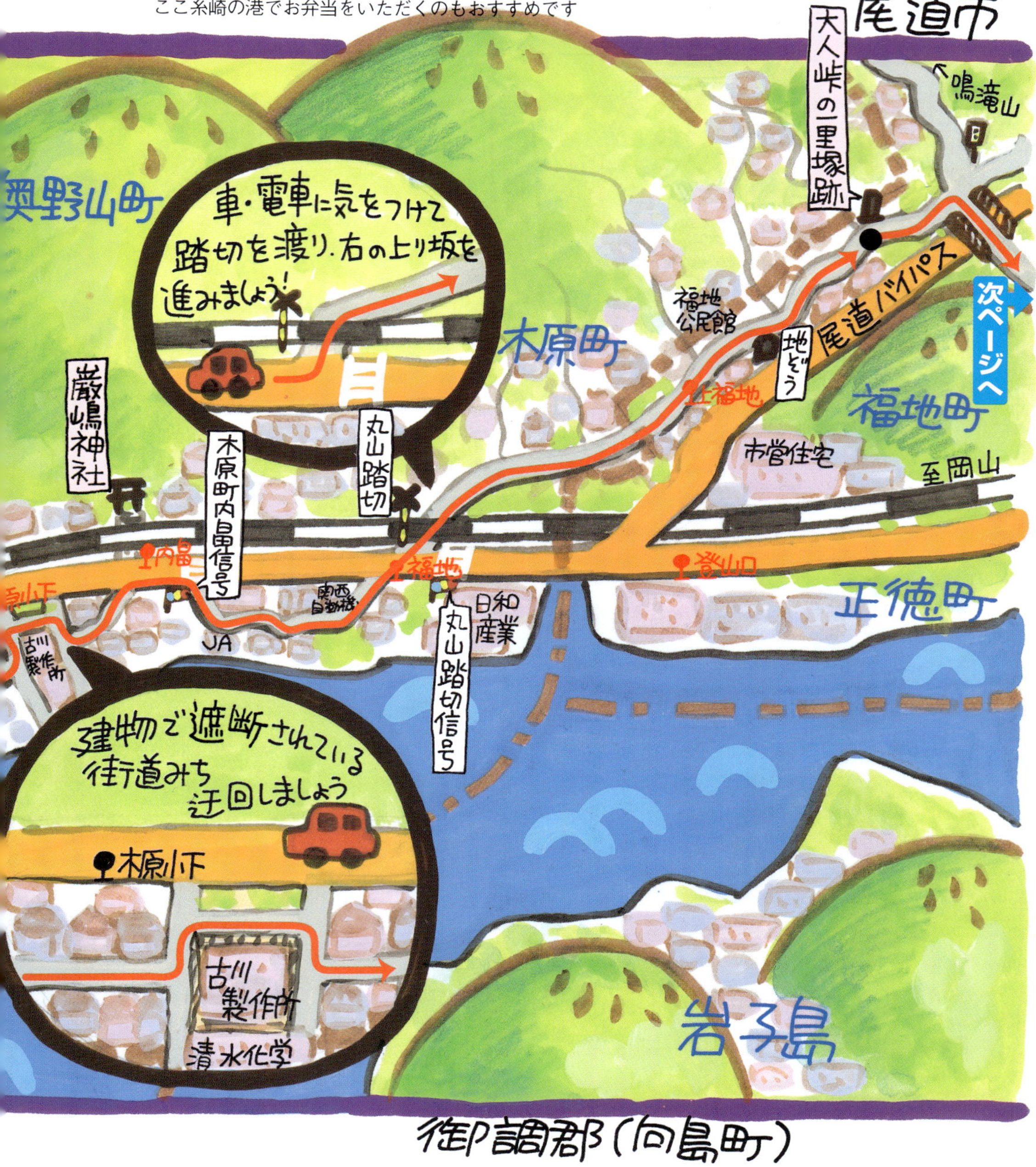

尾道市
大人峠の一里塚跡
鳴滝山
奥野山町
車・電車に気をつけて踏切を渡り、右の上り坂を進みましょう!
福地公民館
尾道バイパス
次ページへ
木原町
地どう
福地
福地町
厳嶋神社
丸山踏切
木原町内畠信号
市営住宅
至岡山
内畠
福地
登山口
関西自動機
日和産業
正徳町
JA
古川製作所
丸山踏切信号
建物で遮断されている街道みち迂回しましょう
木原小下
古川製作所
清水化学
岩子島
御調郡(向島町)

コース⑧

厳島神社へのお参りはJRの線路を越えなければなりません

糸崎神社の大クスノキ

三原市
糸崎町
鉢ケ峰
鉢ケ峰町
境内の奥に推定600年のクスノキと御調《みつぎ》の井戸がある
三原城内にあった侍屋敷門の1つが移築されている
至呉 広島
糸崎神社
六本松の一里塚跡
JR山陽本線
国道2号
延命地蔵
石柱 虚空蔵 一粁五〇〇米
亀石神社
木原小学校
観音寺
観音寺下
谷前住建
赤石
糸崎神社前
神社東
G.S
ローソン
下木原信号
木原町赤石信号
観音寺下信号
谷前住建の看板目印に右脇道に入る
ここで海を眺めながら休憩・弁当が食べられる
尾道糸崎港
前ページから

六本松の一里塚跡

コース⑧ 拡大図-B 三原ご城下から尾道まで

大人峠を下り、尾道へ

大人峠の一里塚跡 ◀ 茶堂大師 ◀ 薬師堂 ◀ 尾道駅

亀田さんの仕事場

尾道市
国道184号
栗原川
大正12年の
建築で当時のまま
美しくそびえ立っている
吉浦町
薬師堂
お稲荷さま
荒神社
旧広島ガス
天満町
ポートプラザホテル
山本時計店
石井耳鼻咽喉科
到着
至岡山
東手崎公民館
祠
祠
天満町
尾道
福屋
西御所
裁判所
尾道警察署
NTT
啓文社
祇園橋
祇園町3踏切
新浜
NTT前
西御所町
西御所
亀田洋服店
今も足踏みミシンを
使いながら毎日街道を見続けている
亀田宗光さん
心落ちつく光景に
思わず足が止まる
尾道水道

JR尾道駅そば。大正12年に建てられた美しい石井病院

お地蔵さまに手を合せて……

街道のわき小高いところにお社が……

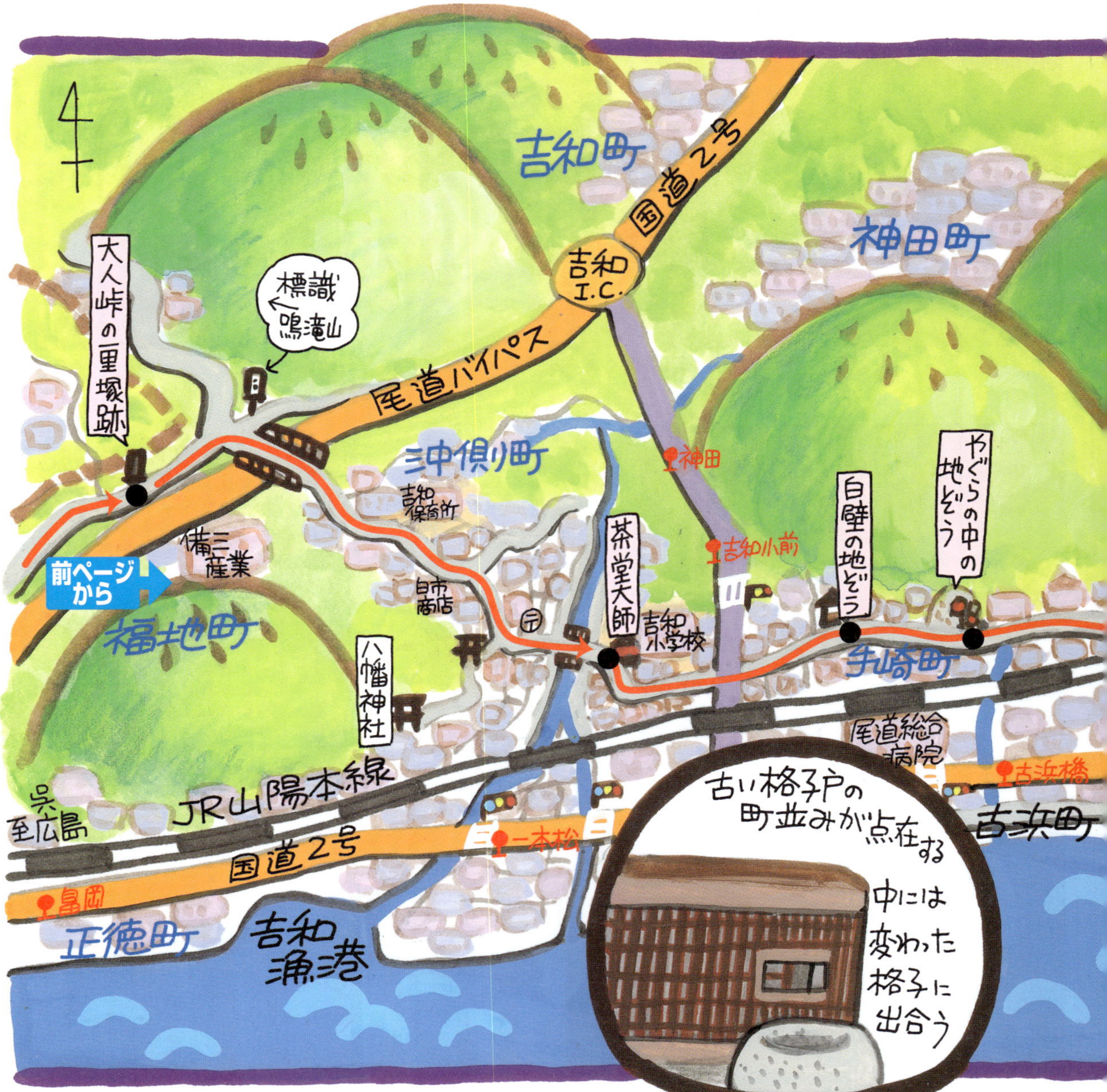

コース⑧ 拡大図-C 三原ご城下から尾道まで

浮城・三原城址の石垣を見ながらスタート

海に浮かぶ城・浮城三原城の南側の石垣は当然、波に洗われているのですから旅人たちは、堀に沿って北側を回らねばなりませんでした。

三原城は、小早川隆景によって永禄10（１５６７）年に築かれた城ですが、築城から30年ほどたった慶長年間の記録によると、東西９００ｍ南北７００ｍ、この中に本丸、二の丸、三の丸、そして二層三層の隅櫓《やぐら》32、城門14があったと言われています。この美しい城に泊まった豊臣秀吉も、徳川家康もその素晴らしさに感嘆したと伝えられています。

今日、私たちはＪＲ山陽線・新幹線に貫かれたホーム北隣の石垣を見ながら街道の旅をスタートします。そして、ご城下の古い家並みを抜けて糸碕神社の参拝をすませますと、街道は海沿いの道を国道2号と重なり合いながら進みます。

静かに往き交う船の姿を楽しみながらの街道の旅、松の並木も何もなくちょっぴり殺風景な景色ですが、当時を想像しながら江戸時代の旅人の気分で尾道まで歩きたいと思います。

JR三原駅から三原城址へあがってみてください

東惣門跡

こんな工夫で水の勢いをゆるめていました

川の流れをご覧ください。流れがあたる石垣が三角形に築かれ、川の中に突き出している個所をご覧いただけると思います。この突き出しによって川の流れを弱め、また流れの方向を変える役目を果たしています。

流水の強くあたる所への大石には、それぞれに穴をあけ、鉄棒を通して連絡してあるのだそうです。石積みだけ見ても凄いと思うのに、さらにさまざまな工夫がなされていたことにただただ感動です。

すばらしい工夫が……

ご城下三原の本陣

三原はご城下でありましたので、それなりに警備も厳しく、堅苦しかったのでしょうか、旅人はこの地に泊まることはできるだけ避けていたようです。

しかし、多人数の泊まりがあって宿舎が必要なときは、お寺や有力者の家が利用されたようです。また善教寺の西隣にあった酒造り業の山科屋作兵衛方が本陣の勤めをしたとも言われています。

三原ご城下、街道筋の町並み、たいせつにしたいものです……

神明市

全国に神明社とよばれる1万800ものご分社を持つお伊勢さん。伊勢神宮への信仰、お伊勢詣りは中世以降、盛んに行われるようになっていきました。

しかし誰でも簡単に旅に出られるわけではありません。伊勢まで行くことができない人たちは近くに勧請されたお伊勢さんを熱心にお詣りしました。旧暦の正月14日に三原ご城下東町一帯に9つの神明さまを祀って、これを順に参拝すれば伊勢神宮に参拝したと同じご利益を受けることができると信仰され、芸予、安芸の島々や山間部からもたくさんの人が集まり、神明さま参拝の市は新年の初市として、1年間の相場がここで決められたほど賑わう市になりました。

430年余の歴史を持つ神明市は今も、2月の第2日曜日を最終日とする3日間盛大に行われています。

今もにぎわう三原の神明市
（写真提供／三原市商工観光課）

糸碕神社

糸碕神社は万葉集にも詠まれた景勝地に立つお社です。多くの歌や紀行に長井浦八景としてたたえられたのはこのあたり、しかし今、神社の前は国道2号、その国道と重なりあった西国街道を尾道へと歩く私たちは、足をしっかり踏みしめて歩かなければ脇を走り抜けていくトラックの風圧に飛ばされてしまいそうな怖さを感じます。

しかし、神社の境内は静かです。樹齢推定600年の大クスノキも緑の葉を繁らせています。このお社のご創建は奈良の時代にさかのぼります。天平元（729）年に宇佐八幡のご祭神を祀ったと伝えられています。

さらに古い伝承としては神功皇后が西征のとき、この浦に船を寄せ、この地で水を調達されました。そのとき献じた水を長井の浦の水と称し、それ故、この地を長井の浦とよぶようになったと伝えています。

いまも境内には御調《みつぎ》の井戸が残っています。また鳥居をくぐると神社としてはあまり見かけない門があります。市の重要文化財となっている神門ですが、この門は明治8年に移築されました。元は三原城の侍屋敷門であったそうです。

糸碕神社、鳥居をくぐると神門があります

ひげの梶さん 西国街道 もの知りコラム 8

そよ吹く風、そぼ降る雨夜に、波間に飛びかうように現れては消える“たくろうの火”伝説

中国行程記に「此沖ナル鷺島《さぎしま》ノ方ヨリ此浦ノアタリノ海面ニ上古ヲリ火ノ燃ル事有リ。今世ニモ時トシテ見ユ。土俗タクロフト云。筑紫ノ不知火ノ類ナランカ。」と記されています。

糸碕神社のあたりの浦から沖を見ると、遠くに見える島影、波間に火の燃えるのが見え、そよ吹く風、そぼ降る雨夜に、波間に飛び交うように現われては消えるのだそうです。人々はこの火を「たれかたくろふ」、たくろうの火とよびました。旅人たちも旅のつれづれにこんな話を話題にしたのでしょう。

コース
9
尾道から今津(松永)まで

今日は尾道宿から防地峠を越えて、今津宿までを歩きます。終着地はＪＲ松永駅になりますが、日が長い季節で、まだまだ元気いっぱいでしたら、コース⑩のＪＲ備後赤坂駅まで歩いてみてください。私の歴史探歩会では、備後赤坂駅までがんばっています。

98～109ページ

ひげの梶さん
おすすめポイント

尾道駅 ◀ 正念寺 ◀ 道祖神 ◀ 防地峠 ◀ 番所跡 ◀ 高須太田の一里塚跡 ◀ 関の地蔵尊

コース9 全体図

「海が見えた、海が見える」。林芙美子の像が街道沿い、尾道の商店街の入り口にあります

関の地蔵さまから下を見ると西国街道が……

交通アクセス

JR尾道駅からスタートして、JR松永駅まで歩きます。

●JR「尾道駅」
☎0848-22-4724

●JR「松永駅」
☎084-933-2830

恋の水祠 ◀ 高須八幡神社 ◀ 蓮華寺 ◀ 今津本陣跡 ◀ 松永駅

コース⑨

A

海の宿場を抜け、防地峠へ

尾道駅 ◀ 正念寺 ◀ 道祖神 ◀ 防地峠 ◀ 番所跡

さし石（力石）

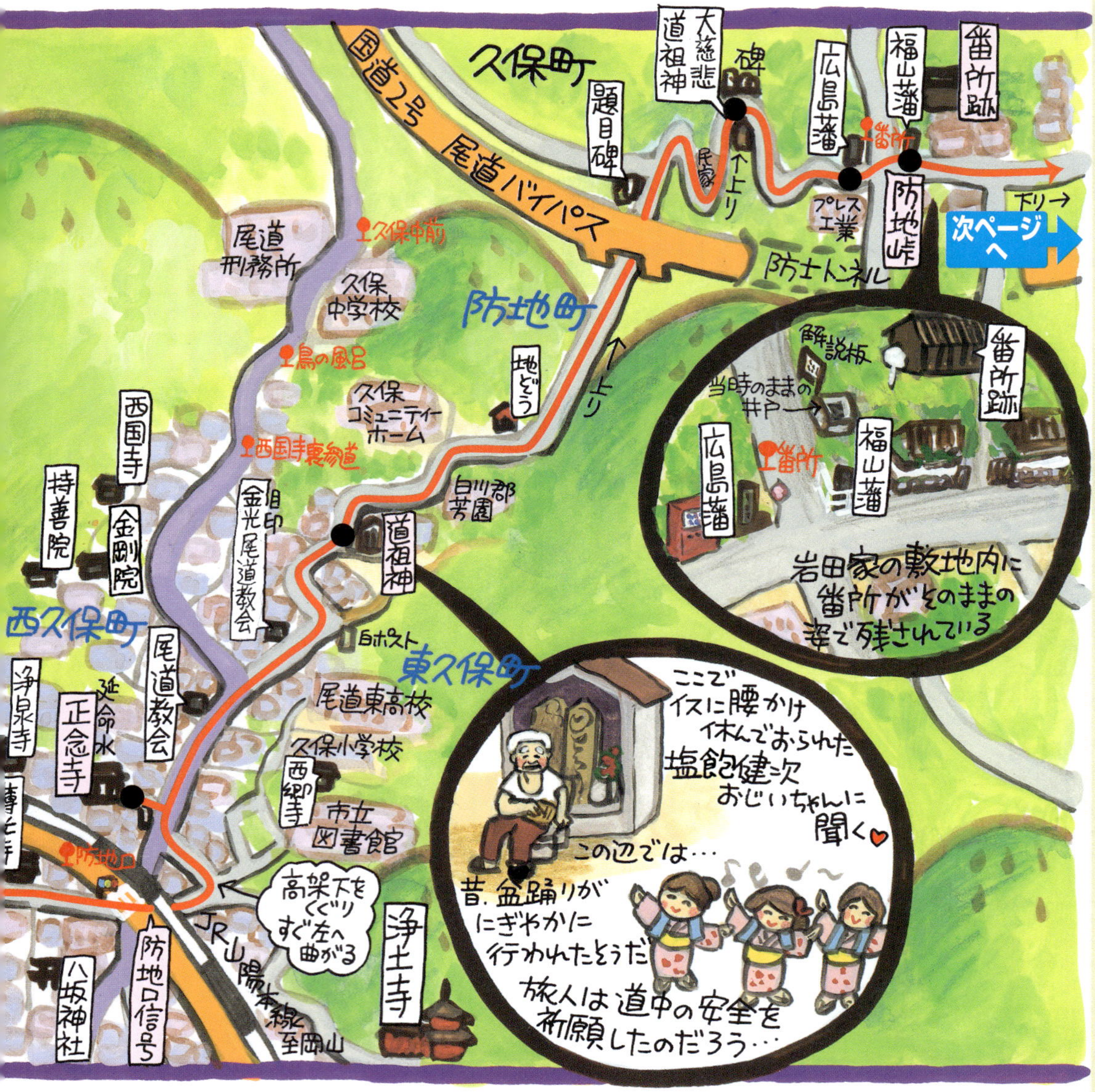

従是東 福山領の碑

防地峠近くのお堂

コース⑨ 拡大図-A 尾道から今津（松永）まで

B

「東の番所」を訪ね、関の地蔵尊へ向かう

番所跡 ◀ 高須太田の一里塚跡 ◀ 関の地蔵尊 ◀ 恋の水祠 ◀ 高須八幡神社

防地峠を越えて下ります

関の地蔵尊
たくさんのお地蔵さまが祀られている
昔はこっちに石柱があった
松永バイパス
次ページへ
啓文社
恋の水祠
追迫池
荒神池
掘出地蔵
関屋
高須八幡神社
高須太田の一里塚跡
関の地蔵尊
大松跡
高須幼稚園
公民館
病院前
山本病院
富士バッティングセンター
至岡山
太陽軒
国道2号
里塚
杉原商店
高須町
農協前
東尾道
昔はこの辺まで海だった
そして…
街道松の大松があったという…
JR山陽本線
至広島
東尾道

恋の水

恋の水のわきにお地蔵さま

高須一里塚跡

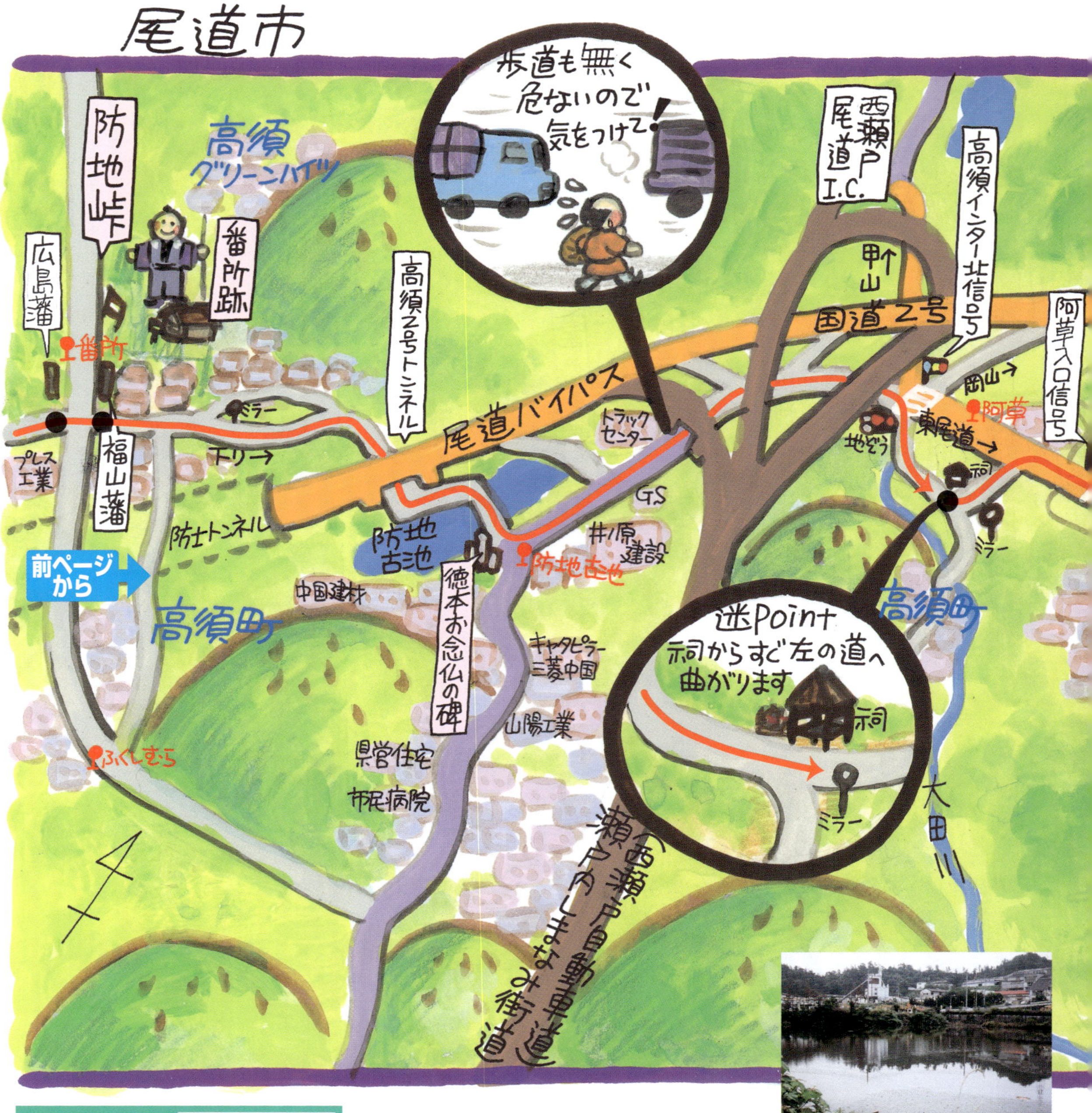
尾道市
歩道も無く
危ないので
気をつけて！
西瀬戸尾道I.C.
高須インター北信号
阿草入口信号
防地峠
広島藩
高須グリーンハイツ
番所跡
番所
甲山↑
国道2号
高須2号トンネル
尾道バイパス
岡山→
阿草
東尾道→
祠
地ぞう
ミラー
トリー→
トラックセンター
プレス工業
福山藩
GS
井ノ原建設
防地トンネル
防地古池
防地古池
前ページから
中国建材
徳本お念仏の碑
高須町
高須町
迷Point
祠からすぐ左の道へ
曲がります
祠
ミラー
キャタピラー三菱中国
山陽工業
県営住宅
市民病院
ふくしむら
西瀬戸自動車道
瀬戸内しまなみ街道
大田川
ミラー

防地古池

コース⑨ 拡大図-B 尾道から今津（松永）まで

コース⑨

C

「花の本陣」と呼ばれた今津宿へ

高須八幡神社 ◀ 蓮華寺 ◀ 今津本陣跡 ◀ 松永駅

八幡さまへの石段

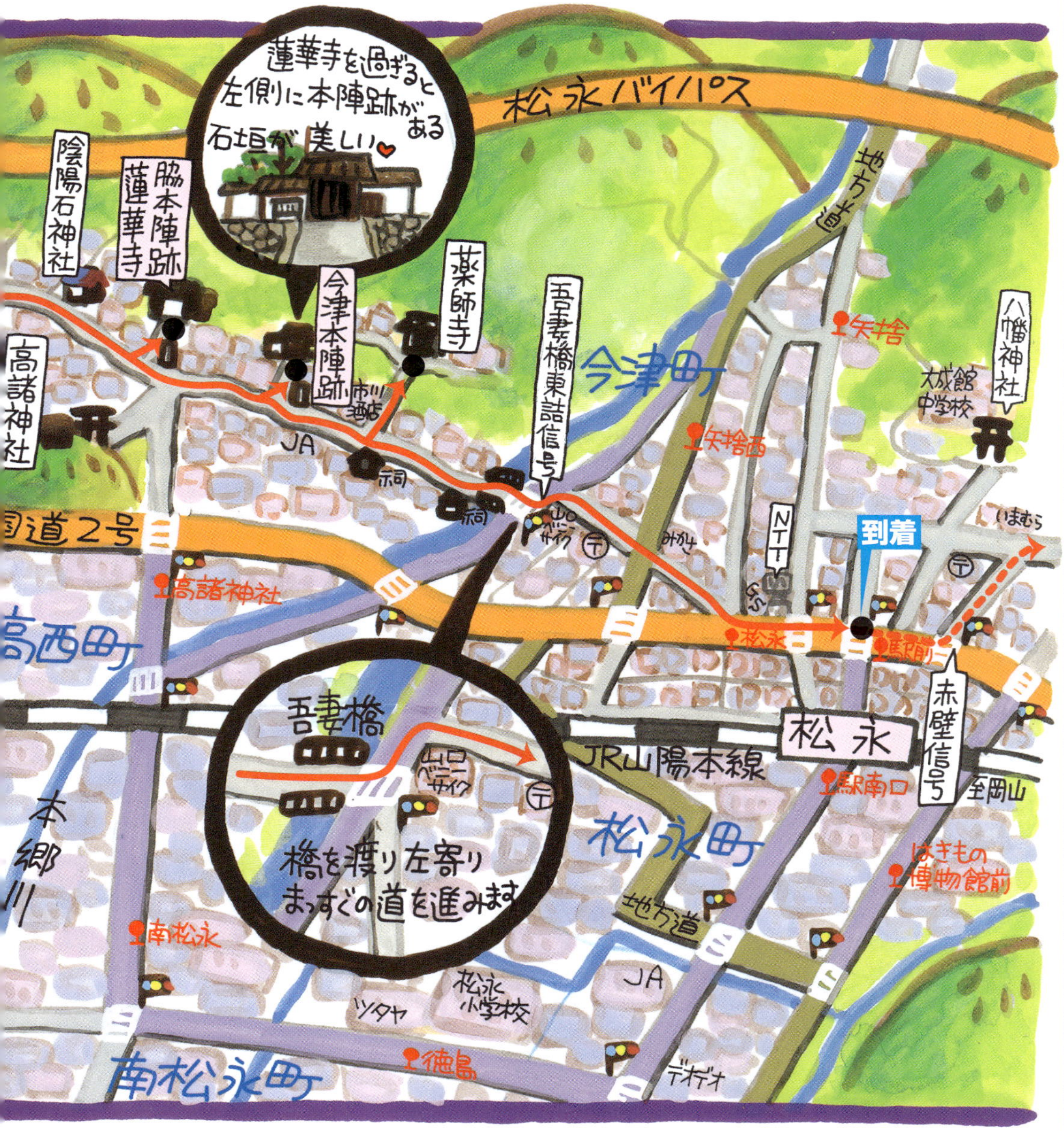

薬師寺

脇本陣蓮華寺

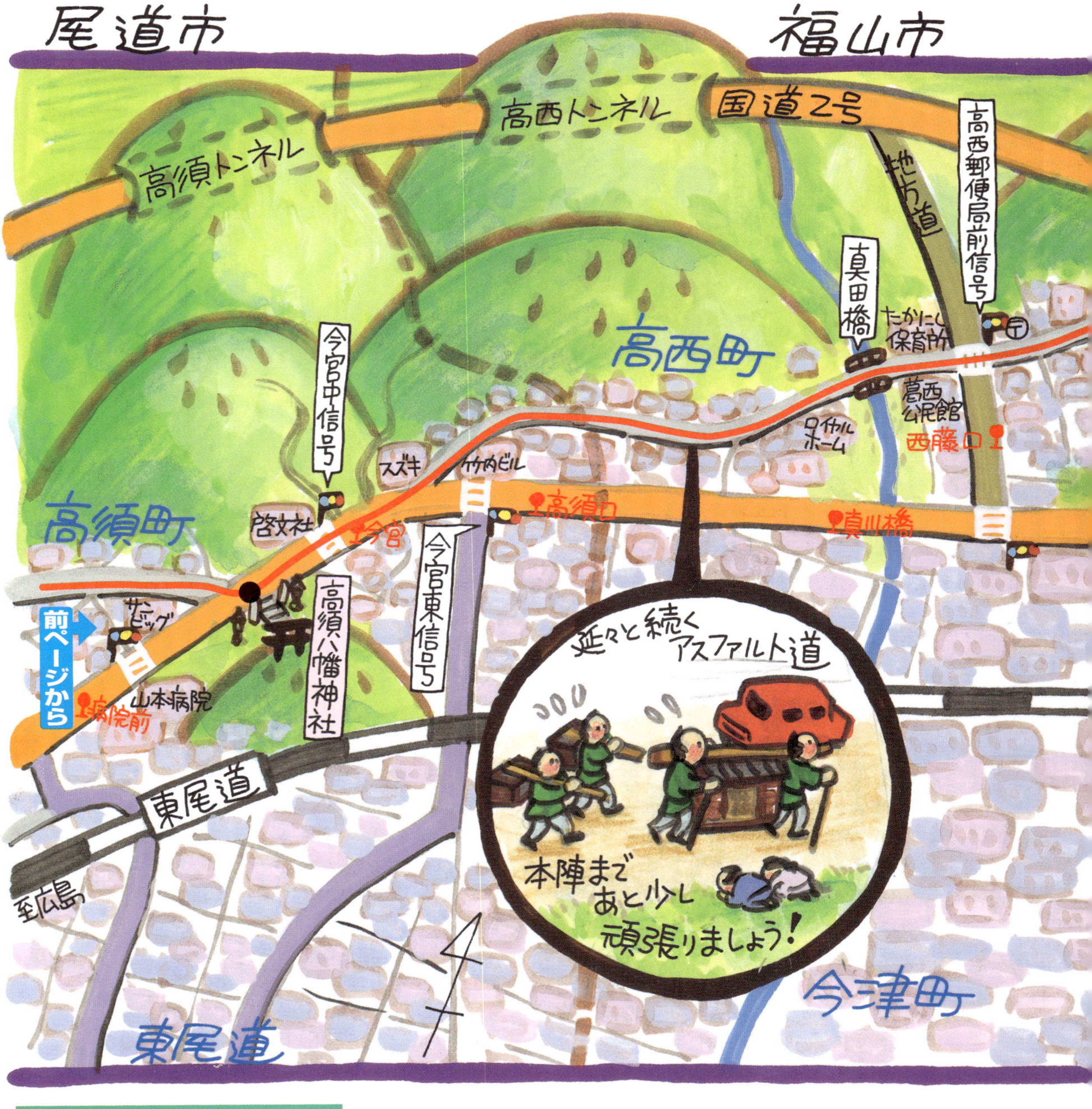

コース⑨ 拡大図-C 尾道から今津（松永）まで

防地峠から瀬戸内海を眺める

右手、小路のむこうに海を感じながら、尾道の町中を進んだ西国街道は左へ曲がり、防地峠へゆっくり上っていきます。途中に所々で尾道の町が、海が、そして向島が見えます。

上がりきった峠は江戸時代、広島藩と福山藩との藩境でした。それぞれに番所が設けられ、広島藩側の番所は「西の番所」、福山藩側は「東の番所」とよばれていました。「西の番所」は跡形もありませんが、「東の番所」は残っていますので、ぜひご覧ください。そして峠を下っていきます。

尾道バイパスによってだいぶ景色は変わってしまっていますが、旧道を見つけながら今津の宿場に入ります。東へむかう「広島県内 西国街道を歩こう！」の旅も、今津の次の宿場・神辺で終ります。もう、ここまで歩いて来たのですね！ 感無量。さて防地峠を越えたら、もうきつい上りはありませんので、のんびり街道の旅を楽しんでください。

峠への途中から見る尾道の町は美しいです

ひげの梶さん 西国街道 もの知りコラム 9

尾道は、海の宿場

古くから港を中心とする商いによって発展してきた尾道の古い歴史は、聖徳太子によって創建されたと伝えられる浄土寺や天平の甍が輝いたであろう西国寺の存在からも知ることができます。応安3（1370）年にここを通過しました今川貞世（了俊）（168ページ参照）は「ふもとにそいて家々所せまく並びつつ、網干しするほどの庭だにすくなし…」と『道ゆきぶり』に書いています。

西国街道はこの家々所せまく並んだ密集した商店街の中を進みます。瀬戸内海の重要な港であった尾道はまさに海の宿場、街道筋のお店のご老人に「この前の道が参勤交代の道ですよね？」とたずねますと「えー？尾道に街道が通っていましたか？」「はい、尾道は今津と三原ご城下の間の宿場でした」「はあ？尾道が宿場ね？？？」と答えられました。

そう！尾道は港から外へ向かって船が出ていく、また入ってくる寄港地、海の宿場のイメージが強く街道の宿場であったことのイメージは薄いのかもしれません。

この商店街が西国街道

旅の疲れを癒した「延命の水」

西国街道は左へ曲がって国道2号を渡り、JRのガード下をくぐります。左へ緩やかなカーブ道を進みますと、延命地蔵・正念寺の標識に気づかれることでしょう。

正念寺は時宗のお寺、本山は神奈川県の藤沢市にあります清浄光寺（遊行《ゆぎょう》寺）です。鎌倉時代、諸国を遊行をした一遍上人によって開かれた宗派です。ご本堂のご本尊は阿弥陀如来像、また地蔵堂には等身大の木造「延命地蔵」が祀られています。

正念寺は西国街道・防地峠の山越えをする旅人たちには格好の休み場所、こんこんと湧き出る「延命の水」と名づけられた清水は、旅人たちの渇いた喉をうるおしたことでしょう。

正念寺前から防地峠へとむかいます

防地峠へとのぼっていきます

お地蔵さまとして祀ってきた道祖神

道が緩やかながら上りになりかけたところ、左へカーブする道の正面に小さな祠がありました。中には道祖神と見ることのできる石塔2基、終戦の頃まではこの前で盆踊りをして、それは賑やかだったんだよと丁寧に教えてくださったのは塩飽《しわく》健次さん（86歳）、だけど口説する人（盆踊り唄を歌う人）がいなくなって、やらなくなってしまったとさびしそう……。

お地蔵さまとして祀ってきたという祠の前に椅子を置いていっぱいお話をしてくださいました。この道を上りつめれば防地峠の西の番所・東の番所、峠にさしかかる旅人は峠道をのぼることの無事を祈って、また峠を無事下りてきた旅人は感謝の心できっと手を合わせていったことでしょう。

いつまでもお元気で

コース9

従是西　芸州領
従是東　福山領

峠近くの「南無妙法蓮華経」と刻まれたお題目の碑に手を合わせて上りきると、これまでの道は嘘のよう、舗装された幅広い道が前を走っています。

この舗装道路の手前左に、「従是西　芸州領」と刻まれた石柱が、そして道路を渡ったところ同じく左側に「従是東　福山領」の石柱が立っています。ここは広島藩と福山藩の藩境、かつては両藩の番所がありました。広島藩側を「西の番所」、福山藩側を「東の番所」とよんでいました。

いま、「西の番所」は跡形もありませんが、「東の番所」の建物は岩田正治（62歳）さん一家によって守られています。『山陽路四十八次』（中国新聞社編）の中に「『祖父が最後の番所役人で、維新後、家と土地を貰って永住したわけで…』と岩田さん」というくだりを私は心にとめていました。防地峠を訪ねた日、番所に続く道で除草作業をしていらっしゃる男性に声をかけますと、岩田正治さんでした。

すると、『山陽路四十八次』の中にでてくる岩田佳衛（当時67歳）さんは？

道の手前は芸州領、むこうは福山領

「それは私の親父です」。建坪56坪、瓦葺きの番所はだいぶ痛みも激しくなっています。全国的にも貴重な建物だけに一人でも多くの方々に存在を知っていただき、より良い形で保存されたらいいなと思います。

この奥の建物が東の番所

徳本上人の六字名号碑

防地峠を下りますと、防地の古池と新池との間の道を進みます。その道端に珍しい物を見つけました。東京の周辺では、東海道の川崎宿のお寺でも神奈川宿のお寺でも見かけるのですが、西国街道（広島県内）を歩いていて初めてです。それとすぐわかる独特の字体の「南無阿弥陀仏」の六文字、徳本《とくほん》上人の六字名号の石碑です。

徳本さんとは江戸時代、宝暦8（1758）年に紀州の漁師の子に生まれ、若くして感じるところがあって仏門に入り、昼夜念仏修行をしたと言われる方で、文政元（1818）年に亡くなるまで諸国をめぐり、庶民から「生き仏」と崇められたお坊さんです。

一方では江戸城大奥の信仰を得て、そうした権威を背景に信仰圏を広めていったとも言われていますが、とにかく徳本上人の念仏講は文政年間には江戸近郊の農村に広まっていました。そして今でも「南無阿弥陀仏、徳本」の石碑が数多く残っているのです。

同じような徳本上人の六字名号の碑は、備後赤坂から神辺に向かう最終コースの中で、鶴の橋を渡って左へ、神辺に向かうすぐ右手のお寺・一生院（一松院）にもあります。

徳本上人の六字名号碑

一里塚と関の地蔵さん

一里塚碑

尾道バイパスの入り口あたりは、西国街道の雰囲気はまったくなくなってしまったようです。イラスト地図を注意してご覧になりながら旧道をたどってください。

いったん右手の旧道に入った道も、お地蔵さまや牛神さまを祀った小さなお社の少し先でまたバイパスに入る車の多い道に合流、気をつけて反対に渡って先に進みます。

右手のレストラン「太陽樹」の先を斜め左へ細い道を入ります。これが西国街道です。大変見にくいのですが、一里塚の碑も残っています。

その先、左の崖の上に関の地蔵さんが祀られています。関とは三重県鈴鹿郡関町、旧東海道の宿場町です。その関の地蔵院にはわが国最古の地蔵菩薩と言われています、ご本尊・地蔵菩薩坐像が安置されています。

享徳元（1452）年、ご本堂の左手、愛染堂の大修理に際して開眼供養をしたのがあの有名な一休さん（一休宗純）でした。一休さんはお地蔵さんの首に褌《ふんどし》をかけ、ついでにおしっこまでかけて開眼供養をしたという一休さんらしいお話が伝えられています。

5代将軍・徳川綱吉のお母さん桂昌院はこのお地蔵さまを熱心に信仰し、その御利益あって綱吉が生まれたとか、またどこでも見かけるお地蔵さまの涎掛けは、一休さんの褌をかけての開眼供養のお話から来ているとか言われています。いろいろな言い伝えが残るほど信仰を集めた有名なお地蔵さまだったのです。

遠く西国街道沿いのこの里にも、こうして関の地蔵と名づけられた小祠があることからもうかがえます。

関の地蔵さん

コース9

今津宿

今津宿ご本陣

今津の本陣は庭一面に牡丹の花が美しく咲き誇る「花の本陣」であったようです。しかし、その美しい本陣は、明治4年の「百姓一揆」の焼き討ちにあって今はありません。今津宿に入ってしばらく進むと左手、少し引っ込んだ大きなお家が本陣であった河本家です。

脇本陣は手前の真言宗の蓮華寺でした。蓮華寺に上る入り口に脇本陣の標示が出ていますので、すぐに気がつかれることと思います。さて新熊野山蓮華寺のご由来沿革を読みますと、応永10（1403）年に紀州熊野三山から熊野三所権現を今津浦に勧請して、ここ蓮華寺を熊野本宮に配したと記されています。そして江戸期においても何度か熊野権現再建の手が加えられております。神仏一体の信仰が行われていたことがわかります。

「寛永12（1635）年幕府武家諸法度を改定し、外様大名に参勤交代を命じ、山陽道今津宿の本陣を当村庄屋河本家、脇本陣に蓮華寺を定む」という記述も見えますが、その後の安政元（1854）年の記述に興味をそそられました。「安政元年12月　梵鐘提出。ペリー来航に際して大砲鋳造の福山藩主阿部公の要請あり供出する」。ちなみにペリー来航の難局に苦悩する老中は、備後福山10万石の阿部正弘その人でした。

蓮華寺のご本堂

コース10
今津（松永）から備後赤坂まで

このコースは、ＪＲ松永駅からＪＲ備後赤坂駅までの西国街道探歩ですが、単独でコースとして歩くのもよし、コース❾または⓫につなぐもよしです。季節によっては尾道から備後赤坂までが苦しいかと考え、みなさま自由に組み合わせていただけるよう、応用コースとして独立させました。

110〜115ページ

ひげの梶さん おすすめポイント

松永駅 ◀ 馬頭観音 ◀ 今伊勢宮 ◀ 常夜燈 ◀ 備後赤坂駅

コース⑩ 全体図

あそこにも、ここにも地神が祀られています

交通アクセス

JR松永駅からスタートして、JR備後赤坂駅まで歩きます。

●JR「松永駅」
☎084-933-2830

●JR「備後赤坂駅」
☎084-951-1011

コース⑩

A

金毘羅大権現の常夜燈を眺めながら、備後赤坂へ

松永駅 ◀ 馬頭観音 ◀ 今伊勢宮 ◀ 常夜燈 ◀ 備後赤坂駅

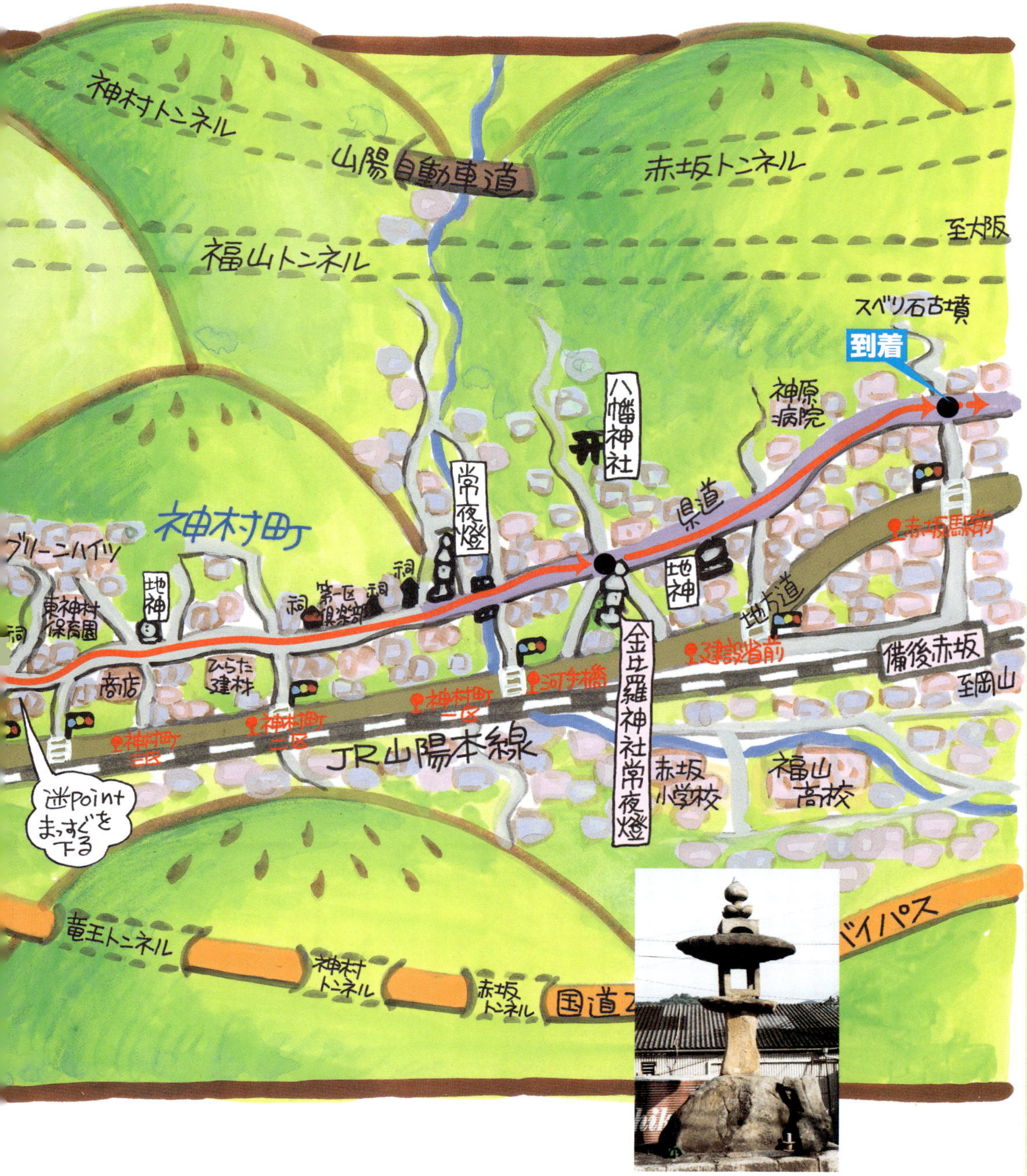

金比羅神社常夜燈

鳥居をくぐり、国道とJRの線路を越える今伊勢宮

道を左に入ります

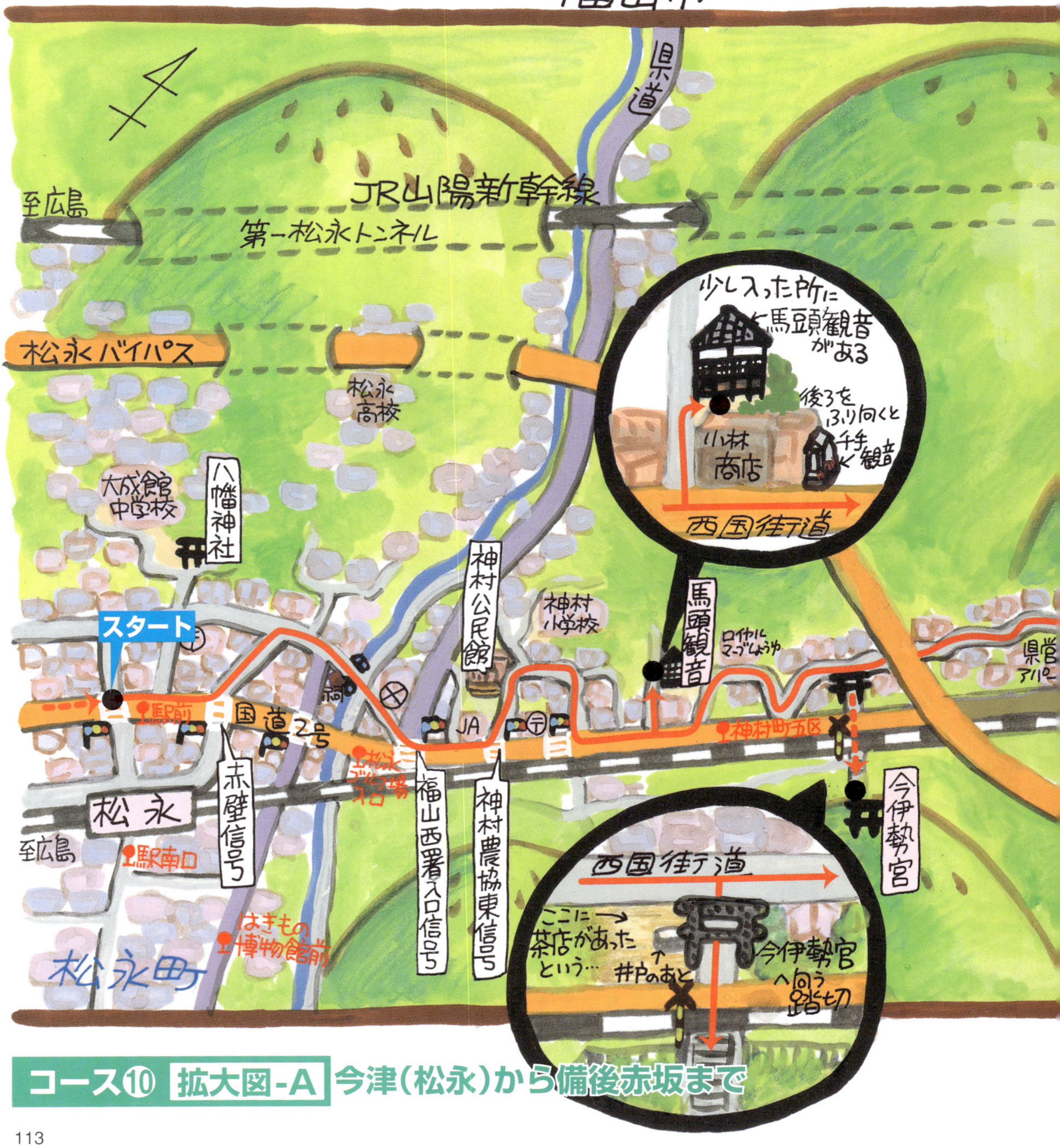

コース⑩ 拡大図-A 今津（松永）から備後赤坂まで

今伊勢宮

中国行程記には「当所、よき茶店あり、宮の馬場は諸大名の駕籠立て所なり」と記され、西国街道をゆく旅人たちに休息の場を与えてきた今伊勢宮、その参道に入る右角のお家（今は空き地になっています）は屋号を茶店とよばれていたそうです。

しかし敬虔な祈りへの参道もいまでは国道2号、さらにはＪＲが横切り、私たちは国道と踏切とを渡らなければお参りすることができません。

この今伊勢宮は応永年間と言いますから、室町時代（（応永）１３９４〜１４２７年）に荒木という神主さんが伊勢の皇太神宮に参籠した満願の日に「皇太神宮の鳥居の上に青石に五色の筋のある石があるので、その石をもって全国をめぐりふさわしい地に宮を建立しなさい」という夢のお告げを受け西国をめぐったところ、この地こそふさわしいところと感じてお宮を建てたと伝えられています。

天満宮も熊野さんも、どこのお宮も信仰・信者をひろく獲得するために各地に布教宣伝活動を展開していました。この今伊勢宮を拠点に、さらにこの地方一帯にお伊勢さんの信仰が広がったことでしょう。

道の突きあたりはJR松永駅

今伊勢宮の石段

講・金毘羅大権現の常夜灯を見ながら

村には講と呼ばれる信仰集団がありました。広島県には多い浄土真宗の報恩講やまた日蓮宗の題目講、これらはそれぞれの宗派の信者で構成された団体というところですが、ほかにも仏教ではなく神社とむすびついた講もありました。お伊勢さんを信仰する伊勢講、火坊の愛宕信仰の愛宕講などです。

備後赤坂駅に向かう途中、西国街道の道端に大きな金毘羅大権現の常夜灯を少し間をおいて2カ所で見ることができます。江戸時代、伊勢参りと金毘羅参りは大変な人気でした。特に金毘羅参りは船に乗る人たちの信仰を集めていました。

いまは金刀比羅宮《ことひら》として神社になっていますが、もとは真言宗・松尾寺の守護神として祀られた金毘羅摩竭魚叉《こんぴらまかぎょしゃ》大将の信仰に始まっています。海上安全の神様として、漁民や海運業者に広く信じられてきました。田んぼの中の街道脇に金毘羅大権現の常夜灯を見つけ海の近いことを、そして海を渡って四国にお参りに行ったであろうこの村里の講中の人たちのことを思ってしまいました。

ちなみに講にはほかにも山岳信仰からくる講として、富士山を崇敬する富士講や御岳講・大山講など、また村の中での山の神や田の神などの講や庚申講などもありました。

金毘羅大権現の常夜灯

もうひとがんばり。JR備後赤坂駅はもう近いです

コース 11
備後赤坂から神辺まで

東へむかう西国街道、最後のコース。宿場のご本陣が今も残る神辺宿への街道の旅です。道のあちこちで地神の祠に出会ったり、芦田川の渡し場を探したり、楽しいのどかな旅をお楽しみください。

116〜126ページ

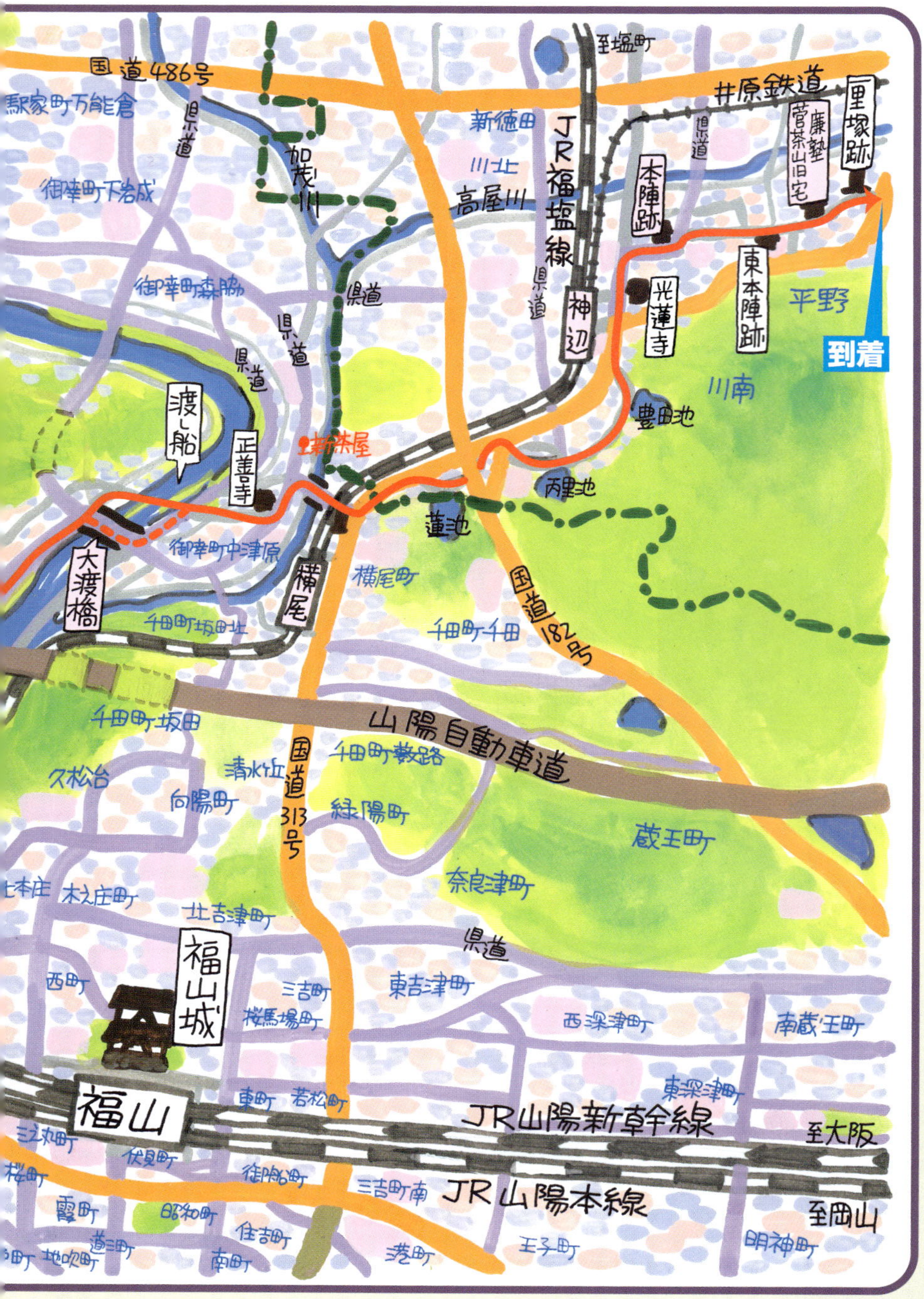

ひげの梶さん おすすめポイント

JR備後赤坂駅 ◀ 旧一本松跡 ◀ 大渡橋 ◀ JR横尾駅 ◀ JR神辺駅 ◀ 本陣跡 ◀ 廉塾・菅茶山旧宅

コース⑪ 全体図

路傍の祠やお社の前では、街道の物語や江戸時代の庶民信仰の話が語られています

道しるべ石ひとつを探しもとめて、探歩会メンバーは旧家を訪ねます

交通アクセス

JR備後赤坂駅からスタートします。

解散（終着地）は神辺、神辺から鉄道・バスの便あり。福山駅まで出ることができます。

●JR「備後赤坂駅」
☎084-951-1011

●JR「神辺駅」
☎084-962-0132

A 地神に見守られ、芦田川へ

JR備後赤坂駅 ◀ 旧一本松跡

福山市
山手トンネル
郷分町
次ページへ
県道
山手町
田池
山手町江良信号5
身守地蔵
泉小学校
県道
祠
谷尻
山手小田
山手江良
三本松
公民館
旧一本松跡
湯傳稲荷神社
一里塚跡
山手住宅
至塩町
福塩線
山手橋
北本庄
三島神社
芦田川
備後本庄
至岡山
至大阪．福山
至福山

街道沿いにはお稲荷さん・天神さま・神明さまとお社がいっぱい……

備後赤坂駅
BINGO AKASAKA STATION

東へむかう西国街道の旅・広島県内版の最終のコースは、ここ備後赤坂駅からのスタートです

江戸時代は
飛脚問屋さん
明治以降は
郵便局を続けていらっしゃる
岡本家!
おいはぎ・山賊も出たかもしれない
さぞ大変だったであろう….
当時の看板も残っている
赤坂トンネル
福山トンネル
スベリ石古墳
至広島
山陽自動車道
津之郷町
JR山陽新幹線
マルカ産業
済美中学校
県道
スタート
松林商店
赤坂駅前
地方道
備後赤坂
至広島
水越
加屋
坂部
地神
津之郷小学校
地神
JR山陽本線
国道2号
試験場前
昔は水越駅
海の水がここまで越していたのでそう呼ばれていた

コース⑪ 拡大図-A 備後赤坂から神辺まで

コース⑪

コース⑪

B

芦田川、高屋川を渡り、神辺へ

旧一本松跡 ◀ 大渡橋 ◀ JR横尾駅

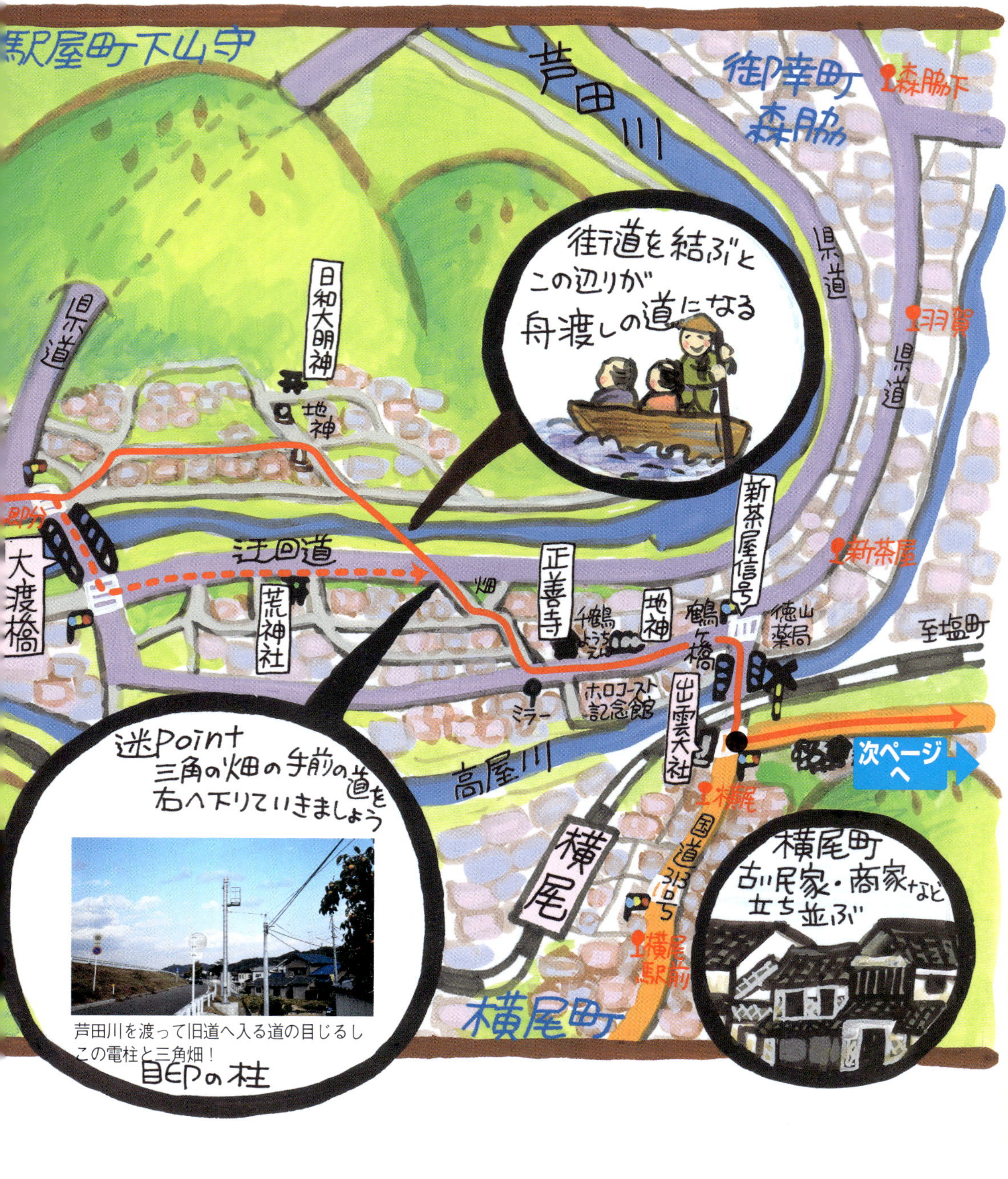

駅屋町下山守
芦田川
御幸町森脇
森脇下
羽賀
県道
県道
県道
日和大明神
地神
街道を結ぶとこの辺りが舟渡しの道になる
新茶屋信号
新茶屋
分岐
大渡橋
迂回道
畑
正善寺
荒神社
地神
鶴ヶ橋
徳山薬局
至塩町
ミラー
ホロコースト記念館
出雲大社
高屋川
次ページへ
横尾
横尾
国道313号
横尾駅前
横尾町
横尾町 古い民家・商家など立ち並ぶ
迷Point 三角の畑の手前の道を右へ下りていきましょう
芦田川を渡って旧道へ入る道の目じるし
この電柱と三角畑！
目印の柱

ここにも徳本上人の六字名号碑が……

畳

横尾地区。あっと驚く家並みが続きます

福山市
水鳥も遊ぶ
休憩spot!
堤の上の車道は危ないので
河川敷を
歩いても
良いですヨ!
八幡神社
郷分町
山陽自動車道
横路
郷分幼稚園
草木
二本松
山手町
前ページから
県道
三本松
JR福塩線
山手住宅
至福山
千田町坂田

コース⑪ 拡大図-B 備後赤坂から神辺まで

コース⑪

C

神辺本陣を訪ね、廉塾へ向かう

JR横尾駅 ◀ JR神辺駅 ◀ 本陣跡 ◀ 廉塾 菅茶山旧宅

街道沿いのあちこちに風情のあるお家が……

深安郡（神辺町）

至塩町
新徳田
JR福塩線
井原鉄道
県道
塾と畑を
藩に献上し
郷校とした廉塾
湯野
国道486号
湯野
至清音村
川北
神辺枡の橋
太閤屋敷跡
小早川文吾旧宅跡
廉塾 菅茶山旧宅
一里塚跡
荒神社
祠
祠
本陣跡
神辺川北
中銀
十日市胡神社
光蓮寺
鈴鹿秀満旧宅跡
くすり屋
福山藩御茶屋屋敷跡
東本陣跡
北条霞亭旧宅跡
到着
平野口
神辺高校
古城
神辺高校前
神辺川北
平野
神辺
中国銀行
幼・小学校
神辺小学校
地どう
豊田池
黄葉山
天別豊姫神社
地どう
川南

西国大名の宿札がいっぱい！
特に筑前福岡藩黒田のお殿様のものが目立ちます

神辺宿のご本陣は昔のままの姿を残しています

コース⑪ 拡大図-C 備後赤坂から神辺まで

芦田川沿いに進む

「西国街道を歩こう!」もいよいよ東へ向かっての旅は、広島県内最終のコースになります。JR備後赤坂駅から出発しましょう。

まずは芦田川に向かって進むことになります。芦田川沿いの道は河川が改修され、はっきり旧道がつかみにくいのですが、大渡橋のちょっぴり先まで堤防を上流に向かってさかのぼります。往時には舟の渡し場があったであろうと思われるあたりを確認してから、新しくなった大渡橋を渡ります。

今日のコースは、神辺宿までアップダウンのない平坦な田んぼと畑の中の道(もちろんいまは家も建ち、車が往来する道とも重なりあいますが……)を歩くことになります。神辺宿に入りますと、西本陣が現在もよく残されております。神辺ではゆっくり菅茶山先生の廉塾にも足を運び、街道の旅を充分に楽しんでください。

街道沿いの家は旅人をふっと往時へひき戻してくれます

備後赤坂駅から まずは旧道に 出ましょう

一本松跡の碑とお地蔵さま

備後赤坂駅前をまっすぐ目の前の信号を渡って進めば、西国街道の旧道に出ます。今日は右へ曲がって神辺宿をめざして旧街道を歩きます。

旧道の右側の松林酒店の奥さん。松林さんは地域の歴史に詳しい方、「このあたり、水越《みのこし》と言うのですよ、昔は備後赤坂駅も水越駅と言っていました。ほら、駅の手前、尾道から来なさったなら、左に立派な石垣があったでしょ、あそこには遊園地もあったのですよ……」。山が削られ、その土が埋め立てに使われていった経過をレジの合い間に聞くことができました。

岡本家に伝わる官札

その土地、その土地のお話を聞くのは歴史探歩の楽しみのひとつ、相手の方のお仕事のお邪魔にならない範囲で、いろいろとおたずねをしたいものです。

さて、松林酒店の後方右、国道2号とJR山陽線とに挟まれてこんもりとした木立、地元では「イコーカ山」とよばれている古墳があります。しかし、この塚の石塔は池奉行のお墓だというお話も伝えられているのです。

昔々、ここに大きな池があって、この池を埋めて土地開作の工事を命じられた奉行がいざ工事を始めてみると、池は予想していたより深く、これでは私の力ではどうしても埋めることができないと、この山の上で切腹したというのです。

「中国行程記」に記されているところをみますと、江戸時代の中頃には、この里の言い伝えとして誰もが知っているお話だったのではないでしょうか。「いや、あれは足利義昭のお墓です」と教えられてきた方もいらっしゃるようですが、それはどうみても考えにくいですし、街道筋の言い伝え・物語としては定かに実名もわからない池奉行のお話の方が旅人としては心引かれるものを感じます。

さて、松林酒店のすぐ先、左側に塀と門構えの立派なお家があります。特定郵便局長を代々なさってこられた岡本孝さんのお宅です。国道の方に郵便局を移転させる前は、ここに郵便局を開いていらしゃいました。

江戸時代、岡本家は飛脚問屋をなさっていました。飛脚問屋、そして明治になって郵便局と、街道の歴史をずっと見続けて来られたお家に感動を覚えました。

江戸時代は飛脚問屋をなさっていた岡本家。お住まいになっていらっしゃる方のご迷惑にならぬよう、写真を撮られるときなどマナーを守って街道の旅を楽しんでください

ひげの梶さん 西国街道 もの知りコラム 10

地　神

西国街道を歩く私たちは、この辺りで急に「地神」と刻まれた石塚を見かけることが多くなりました。地神の信仰は、土地の守護神に対する信仰なのですが、各地によってその祀り方や名称も異なることが多くさまざまなのです。

地神をその性格から無理に整理してみますと、❶外来（この場合海外という意味ではなく、その土地以外の土地ということです）からの強い力を持った神さまに対して、元からその土地にあって、その土地を守る役割を担ってきた土地の精霊。もっとも身近な神さまなのです。

❷春に山の神が田に降りて来て田の神になり、また秋になると山に帰っていくという伝承の田の神さまとしての性格。

❸土地によっては死後33回忌、50回忌の弔いあげを終えると死者の霊は地神になると伝えられている所がありますが、その土地を開いた先祖たち神、すなわち土地の精霊的性格・田の神的性格・先祖神的性格の３つになります。村人たちは豊作を無病息災を、日々身近な神さまに手を合わせ祈っていたのでしょう。

地神がたいせつに祠られています

コース11

出雲大社道

大きな芦田川を渡ってしばらく歩いた私たちは、その支流の高屋川を渡ります。橋の右を歩いて渡りきりましたら、右角をご覧ください。出雲大社道の道しるべが立っています。

振り返って見ますと、私たちは橋の向こう、左の方向から来て角を曲がって橋を渡ったのですが、橋と反対方向をまっすぐ行けば出雲の国へと行くことができるのです。

出雲大社へのお参りの人たちがもちろんたくさん通ったのでしょうが、実は出雲の人たちは大阪へ出るのにも、また江戸に向かうにも、日本海側の山陰道はあまり利用しなかったといわれています。

中国山地を越えてひとまずは山陽道（西国街道）へ出る道を選ぶ人の方が多かったというのです。出雲大社は縁結びの神さまとして親しまれているお社、大国主命《おおくにぬしのみこと》が祀られています。

神辺宿

神辺宿は、戦国時代に発展した神辺城の城下町をそのまま受け継いで繁栄しました。その様子は七日市《なのかいち》から三日市《みっかいち》、そして十日市《とおかいち》へとお城の築かれていた黄葉山の一部を囲むように屈曲している西国街道の道の様子からも感じられます。

七日市には本荘屋菅波家《すがなみ》（東本陣）、三日市には尾道屋菅波家（西本陣）や問屋場がありました。今も西本陣の方はよく保存されていますす。観光ガイドブックなどに神辺本陣と載っていますが、それはこの西本陣のことを言っているのです。

西本陣の瓦には藤巴紋《ふじともえ》を見ることができます。藤巴紋は、筑前福岡藩黒田家の家紋であります。西本陣は黒田家の専用本陣だったようです。たくさんの宿札が残されています。

宿札は関札《せきふだ》ともいい、参勤交代で宿場を宿泊や休憩のために大名が使用するとき、標識として本陣の前に立てた表示札です。神辺西本陣は、当時の姿をそのままに街道の物語を伝えています。

筑前福岡藩黒田家の宿札

宿札を本陣の玄関に置いていただきました

廉塾《れんじゅく》

現在も塾の施設と茶山の旧宅が残っています。菅茶山《かんちゃざん》（1748～1827年）は西国街道の宿場町として賑わう神辺宿の東本陣、造り酒屋を営む菅波家の長男として生まれました。19歳のときに初めて京都に行き医学と朱子学を学んでいます。

そして、有能な人材をここ神辺から世に出そうと私塾「黄葉夕陽村舎」を天明元（1781）年に開きます。のちに、この塾は田畑を福山藩に献上し郷校にしてもらいます。それ以来「廉塾《れんじゅく》」と呼ばれるようになりました。北は東北地方から南は九州までの広い範囲から塾生が集まったと言われています。

文化6（1809）年には、『日本外史』で知られる頼山陽が2年ほど塾頭を務めています。また森鴎外、不朽の史伝『北条霞亭』で知られる北条霞亭も塾頭を務めていました。街道沿いの廉塾はいまもひっそりとした佇まいのなかに、本当によく昔の面影を残しております。

廉塾の養魚池。寛政の酉年（1789年）の12月につくられたと刻まれています

西国街道 西コース

JR山陽新幹線
至岩国
己斐大迫
己斐上
己斐中
旭山神社
県道
広島市（西区）
高須台
己斐西町
草津沼田道路
古田台
古江上
延命地蔵
古江東町
高須
（西広島バイパス）
JR山陽本線
別荘茶屋跡
東高須
古江西町
海蔵寺
鷺森神社
高須
広島電鉄宮島線
古江
幸神社
慈光寺
古江新町
草津
草津東
国道2号（宮島街道）
太田川（放水路）
草津本町
草津南
庚午南
総合グランド
広島西飛行場
観音
草津港

コース 12
広島ご城下から草津まで

広島のご城下・元安川畔の道路元標から、東へ、西へと振り分けての街道の旅。今日は西へ、草津までの旅をお楽しみください。宮島の誓真さんや毛利元就祈願のお社と興味つきない史跡がいっぱい！すばらしい出会い！発見を祈っています。

128～139ページ

ひげの梶さん おすすめポイント

元標 ◀ 浄国寺 ◀ 天満宮 ◀ JR西広島駅 ◀ 別れ茶屋跡 ◀ 旭山神社 ◀ 延命地蔵

コース⑫ 全体図

本川橋を渡って、西へ西へ

街道はJR西広島駅前を通ります

コース⑫

交通アクセス

平和公園内元安橋の畔から歩きはじめて終着地は、広電草津駅近くです。

●JR「西広島駅」
☎082-271-0763

●広電「草津駅」
☎082-242-0022
（電車テレフォンセンター）

海蔵寺 ◀ 慈光寺 ◀ 広電草津駅

A 誓真さんのお墓にお参りし、己斐橋へ向かう

元標 ◀ 浄国寺 ◀ 天満宮 ◀ JR西広島駅

頼山陽にちなんだ手焼せんべい店

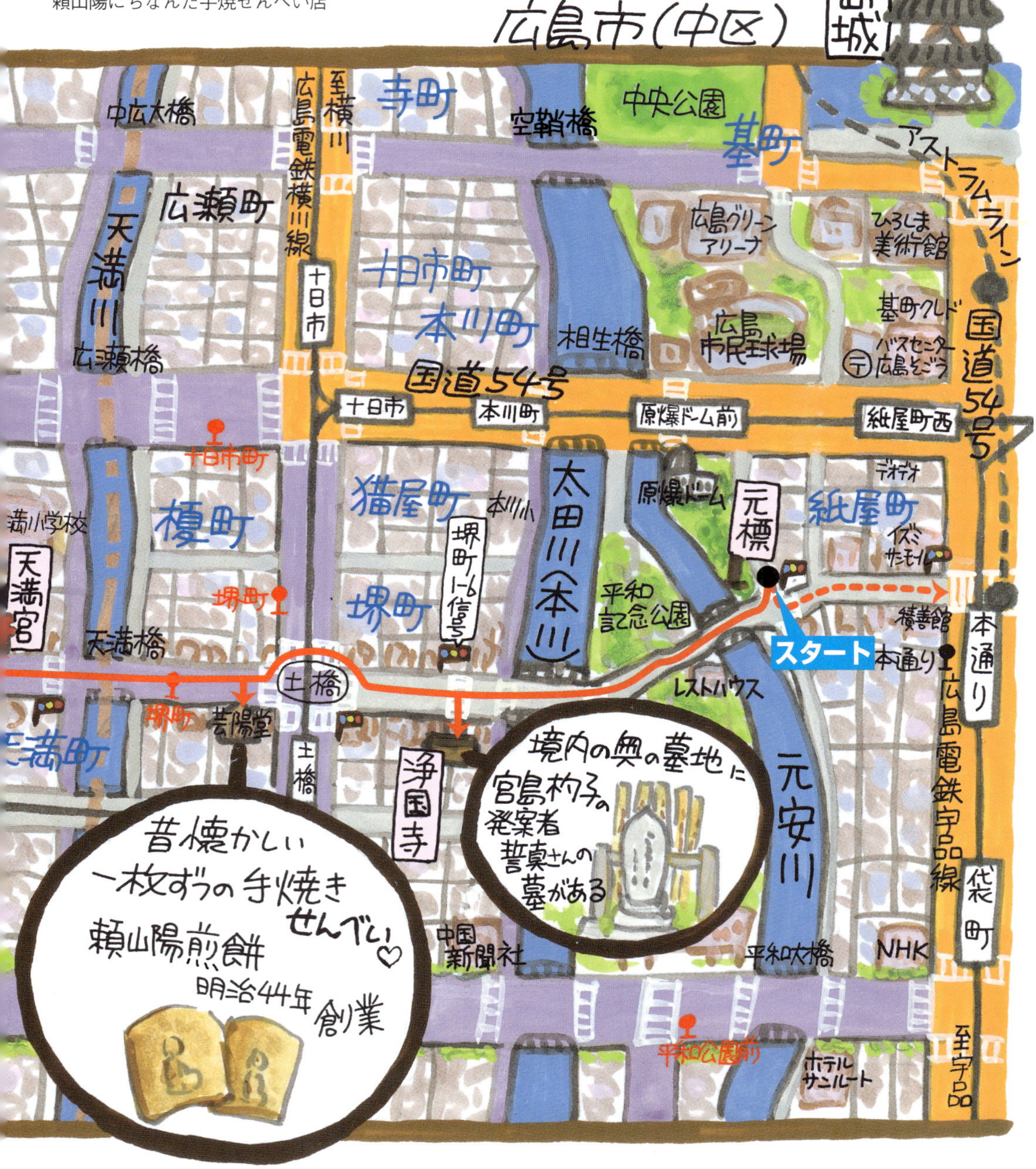
広島市(中区)
広島城
中広大橋
広島電鉄横川線
至横川
寺町
空鞘橋
中央公園
基町
アストラムライン
広瀬町
天満川
十日市町
本川町
相生橋
広島グリーンアリーナ
ひろしま美術館
基町クレド
広島市民球場
バスセンター
広島そごう
国道54号
広瀬橋
十日市
本川町
原爆ドーム前
紙屋町西
十日市町
猫屋町
本川小
原爆ドーム
元標
紙屋町
デオデオ
イズミ
サンモール
榎町
堺町1-6信号
太田川(本川)
平和記念公園
天満宮
堺町
堺町
天満橋
スタート
積善館
本通り
本通り
土橋
レストハウス
堺町
芸陽堂
土橋
浄国寺
天満町
境内の奥の墓地に
宮島杓子の発案者
誓真さんの墓がある
元安川
広島電鉄宇品線
袋町
昔懐かしい
一枚ずつの手焼き
せんべい♡
頼山陽煎餅
明治44年創業
中国新聞社
平和大橋
NHK
平和公園前
ホテルサンルート
至宇品

JRの線路の手前を左に。この道を進めば、もうすぐJR西広島駅前です

天満宮のお社にお参りをして……

広島市（西区）

コース⑫ 拡大図-A 広島ご城下から草津まで

ＪＲ西広島駅前から西国街道に入る

ＪＲ西広島駅 ◀ 源左衛門橋 ◀ 別れ茶屋跡 ◀ 旭山神社 ◀ 延命地蔵 ◀ 海蔵寺 ◀ 慈光寺 ◀ 広電草津駅

広島市(西区)
古江東町
BIGな延命地蔵
古田保育園
国道2号(西広島バイパス)
毛利元就が祈願した寺
旭山神社
己斐西町
源左衛門橋
至広島
西広島
地ぞう
細い道に入る
己斐
高須
JR山陽本線
前ページから
別れの茶屋跡
広電西広島
高須
東高須
己斐本町2
広島電鉄宮島線
庚午北2
庚午北4
国道2号(宮島街道)
元別れ茶屋
現(リトルマーメイド・パン屋)
店内には当時の別れの茶屋を描いた絵が飾られてある
新己斐橋
庚午北
この辺りには水車が多かったという…
福島町
広島電鉄本線
太田川放水路
至広島

JRの線路のむこう、山の上に旭山神社が見えます

道ばたの道しるべ石も見落とさないで……

別れの茶屋は今はパン屋さん！ でも街道の茶店のおもかげが……

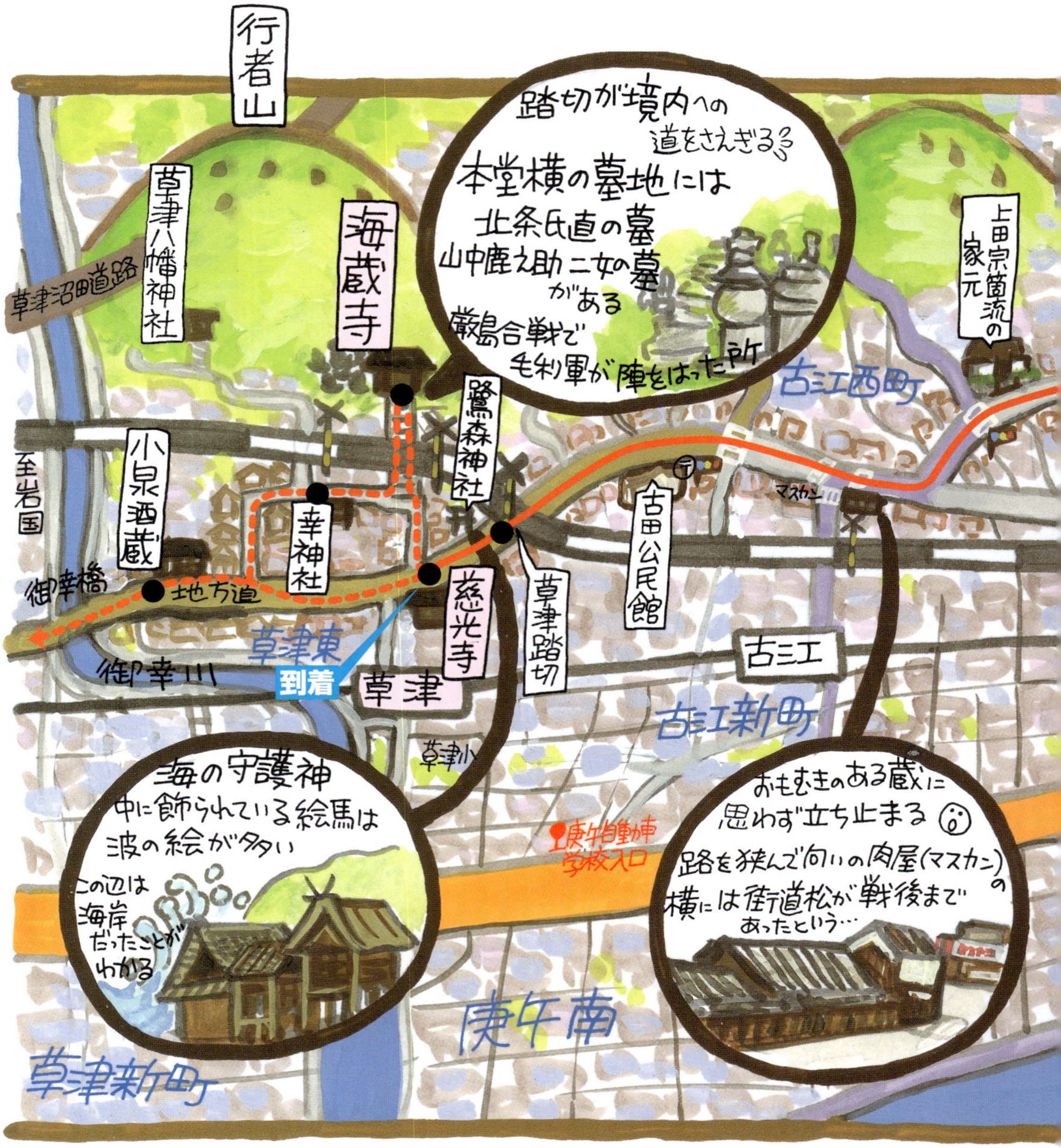

コース⑫ 拡大図-B 広島ご城下から草津まで

宮島おしゃもじの発案者・誓真さんはここに眠る！

さあ！　元安川畔の道路元標から西に向かって歩きはじめましょう。元安橋を渡ると左がレストハウス、トイレを借りたり、飲み物を買ったり、旅の支度をなさってください。

平和記念公園を抜けます。本川橋を渡っていますと、前方に中国新聞社の建物が見えます。これから訪ねます浄国寺は、ちょうど中国新聞社の横裏あたりになるのです。私たちは街道をこのまま進んで橋から2筋目・堺町1丁目6番の信号を左に入りましょう。突きあたりに、浄土宗・浄国寺の裏の入り口が見えます。お寺の番地は、中区土橋町2丁目になります。

元安橋を渡り、草津へ向かう

誓真さんのお墓はここ浄国寺に……

さて、このお寺に宮島のおしゃもじの創始者・誓真さんのお墓があるのです。宮島を探歩された方は、「誓真釣井《つるい》」とよばれる井戸が現在も4カ所残されていますので、どこかで1つくらい目にされたのではないかと思います。水飢饉に悩む島民のために、一生懸命井戸を掘られた誓真さんは今も、宮島の恩人として慕われています。

その誓真は、宮島にこれといったみやげ物がないことに気づいて、弁財天の持ち物である楽器の琵琶の形をまねて、「おしゃもじ」を作ったと伝えられています。たいへん手先が器用な人であったようです。誓真さんがおしゃもじを考案したのが、寛政年間（1789〜1800年）のことといいますから、すでにもう200年以上の歴史があるのです。

宮島の光明院の境内近くには、その遺徳をたたえた誓真大徳碑がありますので、釣井とともに宮島探歩の折に探してみてください。

天満町の天満宮

天満橋はみどり色のなにか懐かしい橋

天満橋を渡って少し行くと、右に赤い鳥居が見えてきます。鳥居の左脇には、旧山陽道と刻まれた石柱が立っています。

天満宮のご祭神は、もちろん天神さま・菅原道真公。学問の神さまとして信仰されていますが、ここ天満町の天神さまは、火災からの災難よけとして祀られたのがはじまりなのです。町内にたびたび火災が起こって、そのたびに多くの家屋が焼失しました。そこで、町役人の綿屋七衛門友孝と田中屋嘉三次幸福という方が、天神さまのご霊徳をいただこうと、それまでの元小屋新町という町名を天満町と天明8（1788）年に改め、それから34年ほど経った文政5（1822）年に、天満宮を鎮護の神さまとして祀ったことが、境内のご由緒を記した石碑に刻まれています。

これから街道を歩きますと、宿場や集落に火防の神さまが祀られていることに気がつくと思います。昔は火災による被害が本当に多かったのです。

西国街道沿いに天満宮の鳥居。すぐに気がつきます

己斐橋を渡って、西広島駅前へ

天満町の天神さまからまっすぐ西国街道を歩きますと、８００ｍほどで太田川の放水路に架かる橋・己斐橋を渡ることになります。橋を渡ってそのまま進みますが、ＪＲの線路下をくぐらず手前を左へ曲がってください。商店街を歩いてほどなく右にＪＲ西広島駅があらわれます。ＪＲの駅と広電の駅との間をそのまま進みます。そう、この道が西国街道なのです。

「そこにも、あそこにも街道松が残っていたよ！」と町の方に教えられました。ほんの少し前（少し前といっても、大正のころだそうです）までは、水車も回っていて、のどかな里だったようです。

前の信号をご覧ください。「源左衛門橋」と書かれていますよ。この信号を右に曲がって、ＪＲの線路を越えて進むと、もう見えてますね。左上、山の上に旭山神社が……。石段の上り口はこの先、左側です。

JR西広島駅前の商店通りは西国街道

西国街道は己斐橋を渡って少し行くと左へ曲がります

ひげの梶さん　西国街道　もの知りコラム　11

己斐は鯉と書かれた時代があったのです

神功皇后《じんぐう》といえば、古事記や日本書紀に見ることができるいわゆる三韓征伐物語の主人公です。古事記・日本書紀のこのころのお話は伝説の域を出ないものですが、熊襲《くまそ》とよばれた大和朝廷になかなか従わない勇猛な種族を攻めるために、夫の仲哀天皇とともに九州におもむきます。

筑紫で仲哀天皇が急死されますと、武内宿禰《たけのうちのすくね》とはかって、自ら妊娠中にもかかわらず、海を渡って朝鮮半島の新羅の国に攻め入り、国王を降伏させ、九州に帰ったというのです。

そして、九州筑紫で産んだ子が後の応神天皇。大和へ帰った神功皇后は、応神天皇を皇太子にたて、約70年間自ら政治をとって269年に亡くなったと物語は伝えています。

この熊襲征伐の折、そのころ海に面していた己斐に、神功皇后は船を止められました。土地の長《おさ》が鯉を差しあげますと、皇后がたいへん喜ばれましたので、この村を鯉村とよぶようになったというのです。その「鯉」村がいつから「己斐」になったのかは、はっきりわかってはおりませんが、正治元（1199）年の「伊都岐島社所解」に己斐と書かれているものが、最も古いといわれております。

お大名の難儀を助けた源左衛門さん

八幡《はちまん》川にかかる源左衛門橋は、中国行程記の中には「長さ一間、石橋」と記されています。現在よりはるかに短い橋です。きっと水の流れにかけられた渡しのようなものであったのでしょう。源左衛門という人が、大雨による増水のために、渡ることが出来ず困っている大名行列の一行を見兼ねて板を渡してやったというお話が残っています。

旭山神社に戦勝を祈願した毛利元就

毛利元就は厳島合戦の折、この八幡宮に参拝して戦勝を祈願したと伝えられています。

なにしろご祭神が神功皇后・応神天皇なのですから、戦勝祈願には最適であることは、コラム⓫でご紹介した「己斐は鯉と書かれていた時代があったのです」のお話からご理解いただけることと思います。

旭山神社のご社殿へは、この階段をあがります

毛利元就参拝の折、山上で輝き昇る朝日を拝むことが出来たということで大喜び、「旭山」と呼ばれるようになったと伝えられています。

また、下から山上のご本殿に上っていく石段の手前、石の鳥居に掲げられた額の書は、幕末の皇族、あの将軍徳川家茂の夫人となった皇女和宮の許婚《いいなずけ》だった有栖川熾仁《ありすがわたるひと》親王の書であります。

有栖川熾仁親王の書になるものです

今も残る別れ茶屋

別れの茶屋で西国街道と合流する沖道は、昭和初期まで、井口・草津方面から広島市内へ鮮魚を運ぶ行商人の列が続き、その数は５００人にも達したこと、そして、この天秤棒部隊が仕事を終えた帰りには別れの

別れ茶屋の名は、今も残っています

街道松とは

街道の両脇に残された杉や松の並木の風情は味わい深く、街道の旅をする者にとっては格別なものであります。しかし、本当に数少なくなってしまいました。残念ながら広島県内の西国街道を歩いていても、あ！と立ち止まってしまうほどの並木に出会うことはありません。「わしが子供の頃までは、ほう、あそこにも街道松が4、5本残っていたんだよ」とか、「街道松を切った後の切り株がつい最近まであったよ」というお話を聞くばかりです。それだけに少しずつでも残っている西国街道の街道松をいとおしみ、大切にしていきたいものです。

街道の並木は夏の暑さ、冬の寒さを少しでも防いで、旅人たちに休息の場を提供してきました。古くさかのぼれば奈良時代、全国の駅路の両側に果樹を植えさせたという記録があります。果実は、時には非常食にもなったのでしょう。

茶屋の藤棚の下で餅を食べ、世間話に花を咲かせていたことが、『山陽路四十八次』（昭和48年、中国新聞社編）に茶屋のご主人のお話として紹介されています。

街道はゆっくりカーブして続きます

海上の守護神がJRの線路際に…

鷺森神社は、平安時代に勧請された古いお宮です。海上安全の願いと、たくさん魚がとれるようにと豊漁を祈る里人の神様です。ご祭神には市杵島姫命《いちきしまひめのみこと》と金比羅さまが祀られています。今ではどこにも海など見えないこのJRの線路際に海上の守護のお宮があるということは、昔はこの辺り一帯は海辺であったことがうかがえます。

これから訪ねます海蔵寺のある行者山を背に半島のように延びた城山に抱かれた入江は、漁船の船着場として賑わっていたのでしょう。海人たちはその日の無事と豊漁を祈ってこのお宮に手を合わせ、また、漁を終えて戻れば感謝の気持ちで手を合わせる日々を送っていたのでしょう。そんな往時にしばし思いをはせ、小さな境内で休んでください。ほどなく、JRの電車の音が私たちを現実の世界に引き戻してくれることと思います。

ご社殿の左はすぐJR山陽線の線路です

ひげの梶さん 西国街道 もの知りコラム 13

お地蔵さま❶　道しるべのお地蔵さま

西国街道はところどころ草が生い茂り、道なき道になっていたり、また、宅地造成や道路拡張で大きく変貌していたり、さぁて？どっちへ道は続くのだろうと考え込んでしまうところがたくさんあります。

山の中で道が二手にわかれる所など、「こっちだよ！」と教えてくれる標識が欲しくなります。昔の旅人も街道がわかれる所、追分などでは、間違えて自分の行きたい方向と違う方向に行ってしまうことも多かったようです。

そこで、「道しるべ」が大切になってくるのですが、この道しるべ〔道標〕は、一里塚や並木とは異なり、徳川幕府が交通政策の一環として設置したものではなかったのです。多くは村の有志が、あるいはその道をよく往来する大きな町の大きな商人が、あるいは信仰の講中の人たちが建てたものがほとんどなのです。江戸周辺の街道の道しるべ設置の記録に、村役人から藩に、藩から道中奉行に道しるべ設置の問い合わせをした文書や、それを許可する旨の文書が残されているところがあります。

お地蔵さまの台座が道しるべになっているのをよく見かけます。

お地蔵さまは優しい眼差しで道行く人たちを見続けてきました。

お地蔵さまに街道の旅の安全をお祈りしましょう

興味つきない歴史の不思議 行者山の海蔵寺

海蔵寺は禅宗・曹洞宗のお寺です。創建は応永年間（1394〜1427）といいますから、室町時代、三代将軍足利義満による南北朝の合一がなって、将軍は四代足利義持になった時期でありますが、中国から92歳でこの地に来られた慈眼という方によって開かれます。

この慈眼さまは99歳で亡くなるまで仏法を広めるためにご努力なされたと言われております。さて、その後の海蔵寺は毛利時代の草津城主児玉就方の菩提寺、さらに江戸時代、浅野家の時代には広島藩第三家老浅野孫左衛門一族の菩提寺として500石の寺領を受けていたと言われています。今もご本堂の左手から墓地に入りますと、浅野孫左衛門一族のお墓をお参りすることができます。

私が初めてこのお寺にお参りをさせていただいたとき、墓地内の石段を上ってすぐ左に、北条氏直のお墓があることに驚いてしまいました。

ちょうど前の日、私は歴史探歩会で「秀吉の一夜城と小田原城の落城」をテーマにお話をし、北条氏政、氏照のお墓を最後にお参りして、その足で小田原から羽田空港に移動、広島行きの飛行機に飛び乗って来ていたからでした。

JR山陽線の線路を越えて石段をあがれば海蔵寺

なぜここに？北条氏直の墓

北条氏直は、小田原城落城の時の城主でした。お父さんは北条氏政、お母さんは武田信玄の娘の黄梅院でした。そして夫人に徳川家康の娘督姫を迎えていました。

豊臣秀吉は政権を掌握しますと、氏直に上洛を要請します。しかし氏直はこれに応じませんでした。とうとう秀吉は天正17（1589）年12月に宣戦布告、翌天正18（1590）年3月1日に小田原にむけて京を出立いたします。そして4月3日には小田原に入り、空前の22万人の軍兵が小田原城を包囲いたしました。

小田原城も土塁と空濠を主とする中世城郭の、その広さにおいては天下有数の規模を誇るものでしたので、秀吉はじっくり長期戦に備えて、石垣山にかの有名な一夜城を築きます。この城には淀君もきていました。茶会も催され、商人や芸人も出入りする賑わいでした。その間にも小田原城には講和の働きかけが行われていました。城内ではなかなか結論が出ません。のちに「小田原評定」という言葉まで生まれます。

7月5日、城主北条氏直はとうとう城を開け投降します。本来ならば、城主氏直が責を負うべきところですが、氏直の父、第四代城主北条氏政とその弟、氏直の叔父さんにあたる八王子城主氏照が秀吉に自決を命ぜられ、7月11日に切腹いたします。氏政53歳、氏照49歳でありました。城主氏直は徳川家康の娘督姫の婿でありましたから、秀吉も家康に遠慮してこの処置がとられたのではないでしょうか。氏直は高野山に入りますが、のち秀吉から1万石が与えられています。

しかし、天正19（1591）年11月4日に病死しております。小田原城落城から1年ちょっとの命でした。氏直は高野山に入った後、再び山を出て、草津城主であった児玉周防守にかくまわれ、この地で暮らし生涯を終えたと言い伝えがあるのです。北条氏直終焉の地にひっそり立つ墓塔、興味つきない歴史の不思議を感じないではいられません。

北条氏直のお墓にお参りください

山中鹿之介の二女の墓

福山市鞆の浦の寺社町には鞆城で足利義昭、毛利輝元らによって首実検された山中鹿之介の首塚が残されています。ご覧になった方も多いと思います。静観寺という臨済宗のお寺のすぐそばです。

山中鹿之介二女・盛江のお墓

さて、天正6（1578）年4月、秀吉軍と毛利軍との初めての激突は太平山上月《こうづき》城（兵庫県佐用郡上月村、JR姫新線上月駅下車）でした。出雲尼子氏の再興を夢見て、山中鹿之介ら尼子勢3千は上月城に籠城、そこへ小早川隆景らが率いる毛利の大軍7万が攻め込みます。

秀吉はそれを上まわる大軍で応援に向かいますが、毛利軍に寝返った別所長治を攻めるため三木城（兵庫県三木市上の丸町、神戸電鉄上の丸駅下車）に向かったため、上月城は落ちます。尼子勝久は切腹、山中鹿之介も降伏して、護送される途中、高梁川と成羽川とが合流する阿井《あい》の渡しで殺されます。34歳の最期でした。

この鹿之介にはいろいろと諸説あるところなのですが、二人の娘がおりました。次女八重姫は吉和孫左衛門義兼の夫人となって弥右衛門常祐を生みます。この常祐は母の姓を継いで山中と改め、ここ草津に住んだと伝えられています。

妙見さまを祀る寺

海蔵寺の石段を降り、JRの踏切を渡って、西国街道に戻りますと目の前、街道を広島城下の方から来ますと左側に周防灘海中出現・妙見大菩薩と刻まれた大きな石碑のあるお寺に気づかれることと思います。妙見さまを祀る慈光寺、日蓮宗のお寺です。

海上安全の妙見さまを祀るお寺があるということは、またまた海の近さを感じてしまいます。妙見さまのお像の中に、北斗七星をのせた蓮華を持ったものがあります。船で海に出る者にとって、北斗七星は、北の方向・北極星の位置を教えてくれる頼りになる星でした。ですから、地上で働く者以上に北斗七星と北極星を祀る妙見さまの信仰は強かったに違いありません。

西への道はゆるやかに左へカーブして……

妙見さまを祀る慈光寺

コース

13

草津から廿日市まで

草津から廿日市の宿場まで歩きます。広島県内の西国街道では、数少ない貴重な街道松にも出会えます。好奇心いっぱい！にして街道の小さな祀にまで、気をつけて探歩してください。

140〜147ページ

ひげの梶さん

おすすめポイント

広電草津駅 ◀ 小泉酒蔵 ◀ 大釣井 ◀ 大石餅跡 ◀ 塩釜神社 ◀ 光禅寺・誓いの松 ◀ 街道松

大釣井の奥にはお地蔵さまが祀られています

鈴峯学園の左手、西国街道は西へと続きます

交通アクセス

広電草津駅から歩きはじめます。終着は廿日市、JRでも広電でも帰れます。

●JR「廿日市駅」
☎0829-31-0019

●広電「廿日市駅」
☎082-242-0022
（電車テレフォンセンター）

一里塚跡 ◀ JR廿日市駅・広電廿日市駅

造酒屋のある素敵な町並みを味わう

広電草津駅 ◀ 小泉酒蔵 ◀ 大釣井 ◀ 大石餅跡 ◀ 塩釜神社

道は左へ、海の水辺を通る道が続きます。
もちろん今は海は遠くへ……

国道2号
西広島バイパス
行者山
草津八幡神社
住宅西
田方西
鈴が峰町
井口
病院入口
新井口駅
過去、草津の大半が焼失するほどの大火が2度もあった⁈
路地に入るとウダツのある家が今も残っている
小泉酒蔵
至広島
西原ケ尻踏切
御幸橋
スタート
マンション
草津梅が台
草津
至広島
祠
新井口
商工センター入口
草津沼田道路
浄教寺
草津南
西楽寺
幸福稲荷
草津病院
草津本町
大石餅跡
大石の餅
マンションと民家に狭まれ…
目立たない所に碑がある
大釣井
お地蔵さま
宮島往還道
草津交番西信号
草津南町
草津新町
草津町

もうすぐ八幡川、川を渡って街道は続きます

塩釜神社がたいせつにお祀りされていました

コース⑬ 拡大図-A 草津から廿日市まで

B

街道松の残るストリートを抜け廿日市へ

光禅寺・誓いの松 ◀ 街道松 ◀ 一里塚跡 ◀ JR廿日市駅・広電廿日市駅

西国街道の一里塚、
今は石の碑がその位置を教えてくれます

街道松がたいせつに守られていました

コース⑬ 拡大図-B 草津から廿日市まで

味わい深い造酒屋《つくりざかや》さんの前を進みます

西国街道を西へ西へと歩きましょう。広電草津駅から西国街道へ出ましたら、左へ進むことになります。静かで素敵な町並みがちょっぴり残っています。道が緩やかに左へカーブする右手には古い造酒屋さん（小泉本店）があります。本郷宿に入る沼田川の辺りでお話いたしましたが（75ページをご覧ください）、古高山城・新高山城は小早川家の城、のち三原に城を築いて移ります。

小泉家は小早川家の一族として三原市小泉町一帯で力を持っておりましたが、毛利氏の広島進出にともない現在地に移ったと、お店でいただいた由来記に記されておりました。明治18（1885）年8月1日の明治天皇の行幸を記念して「御幸（みゆき）」と命名された小泉本店のお酒、またここでは厳島神社の御神酒も造られています。渡る橋も御幸橋、さあ！西国街道を先に進みましょう。

街道沿いの造酒屋さん。味わい深い風景です

昔の共同井戸・大釣井《おおつるい》

街道から左に入る小路の入り口角に釣井（井戸）があります。小路の少し先、右側にはお地蔵さまの小さなお社が建っているのですぐお分かりになると思います。この里の漁民や町民たちの、また街道ゆく旅人たちの貴重な飲み水になるばかりではなく、防火用の大事な役目も果たしていたと考えられます。

草津には焼失戸数が200～300戸を数える大きな火事が立て続けに起こっていました。江戸も大きな火事が頻発した町でしたが、このように街道の宿場やまた家の集まった町中ではどこも火災の恐怖にさらされておりました。だから街道の旅をしておりますと秋葉さんや愛宕さん、すなわち火防《ひぶせ》の神様に出会うことが多いのです。

港町として栄えた草津

『芸藩通志』に収められている草津港の絵図には常夜灯や波除けの堤防も描かれ、広島ご城下近郊の港町として古くから利用された草津がしのばれます。大阪地方と往復する船も多く、広島のご家中や商人の中にも草津の便船を使う人が少なくなかったようです。

また浅野家三次支藩の船屋敷、浜田城松平家の船屋敷もありました。参勤交代の往復に利用されたのでしょう。広島に近い陸続きの港は大変便利であったと思われます。

ひげの梶さん 14

西国街道 もの知りコラム

お地蔵さま❷ 火防《ひぶせ》のお地蔵さま

宝暦年間（1751～1763）から文化年間（1804～1817）の約50年の間に何回もの大火に見舞われた草津では火防《ひぶせ》の願いを込めて、このお地蔵を祀ったと言われています。お地蔵さまを祀ってからは大火がなくなったとも言われています。子育て、そして延命と、さまざまな願いがかけられる親しみやすい仏さま・お地蔵は火防《ひぶせ》の願いにまで応えていたのでした。

もう、今は食べることのできない街道名物・大石餅

広電の踏切の手前左にその名物の餅屋はありました。江戸時代も文政年間といいますから徳川11代将軍家斉の頃、播磨屋惣右エ門とお国という夫婦が餅屋を始めました。餅はやわらかく美味しいと評判になりました。街道の名物、往き来する旅人の楽しみのひとつになったのです。店の前に大きな石があったことから、大石餅と名付けられました。

近年まで営業をしていました名物の餅屋は今はありません。その跡に由来を刻んだ碑が建てられています。

大石餅の由来は碑に刻まれていました

光禅寺・石井兄弟誓いの松

元禄14（1701）年5月9日、伊勢の亀山で28年ぶりに父の敵の赤堀水右衛門を討ち果たした石井半蔵・源蔵兄弟のお話は元禄の曽我物語とたたえられて有名でした。人形浄瑠璃・歌舞伎の作品がいくつも作られました。

近松門左衛門の作とも言われています「道中評判敵討」が早くも翌年元禄15年に大阪竹本座で初演されています。さらに、近松半二作の「道中亀山噺」という作品も生まれました。歌舞伎では享保13（1728）年、大阪で「勢州亀山敵討」が初演、また江戸の歌舞伎でも宝暦2（1752）年に市村座で「亀山の敵討」として上演されています。その後も、4世鶴屋南北をはじめ、たくさんの人がこのお話を脚色・上演しています。

光禅寺・誓いの松

仇討本懐までの貧苦、忠義が見せ場のこのお芝居の主人公、石井半蔵・源蔵の兄弟は、光禅寺の8代目ご住職霊応上人の兄で剣の達人であった大忍から指南を受け亀山へ向け旅立っていきました。その旅立ちに際して、大忍は兄弟を前に一本の松を植え、「必ず本懐を遂げよ、この松の成長とともにお前たちの壮挙も長く語り継がれることだろう」と励ますのでした。

光禅寺

ひげの梶さん
西国街道 もの知りコラム
15

光禅寺門信徒も向かった石山の合戦

全国各地に広がる一向一揆の衆たちが、石山本願寺（秀吉の大阪城は陥落した石山本願寺の跡に建てられました）を中心に、反信長の激しい戦いをします。織田信長が石山本願寺を取り囲んで攻撃をした「石山の戦い」は途中2回の和睦があったものの、実に11年間［元亀元（1570）年～天正8（1580）年］にも渡る長い長い戦いになりました。

本願寺の顕如は鞆の浦に逃れていました足利義昭、さらに毛利輝元、小早川隆景に信長軍に包囲されている石山本願寺への兵糧補給を願い出ていました。援軍を送ることを渋っていました輝元ではありますが、足利義昭の熱心な説得に応じて兵糧を満載した兵船7、80艘という大船団を大阪に向かわせました。天正4（1576）年7月のことであります。この時、ご領主毛利輝元の軍勢と呼応してたくさんの光禅寺門信徒の方々が石山に向かったと伝えられています。毛利の大船団は火矢と焙烙《ほうろく》弾で攻撃を加えながら、織田軍の船に大打撃を与えて、兵糧を本願寺に入れたのでした。

コース14 廿日市から津和野岐れまで

宿場・廿日市からはじまる今日のコース。造成された住宅地の中を通り、ＪＲの線路やバイパス、さらには山陽新幹線とも出合い、旧道はこれでいいのかなと迷いながらの楽しい道です。多少、坂道もありますが、元気いっぱい！探歩してください。

148～159ページ

ひげの梶さん おすすめポイント

ＪＲ廿日市駅・広電廿日市駅 ◀ 街道松～桜尾城跡（桂公園） ◀ 津和野藩船屋敷跡 ◀ 廿日市八幡宮 ◀ 廿日市本陣跡 ◀ 佐伯郡役所跡 ◀ 常念寺 ◀ 福佐売神社

稲荷の赤鳥居が
路地の向こうに見えます

街道沿いにあるお社に
手を合わせていきましょう

交通アクセス

JR廿日市・広電廿日市からの旧道へ出て歩きはじめます。
終着は畑口のバス停から宮内まで戻りますとJR宮内串戸駅、広電宮内駅は近いです。

●JR「宮内串戸駅」
☎0829-32-3623

●広電「宮内駅」
☎082-242-0022
（電車テレフォンセンター）

コース⑭ 全体図

一里塚跡 ◀ 専念寺 ◀ 権現神社 ◀ 夜泣き石 ◀ 津和野岐れ

コース⑭

A

桜尾城跡をめぐり、廿日市宿の面影を求めて歩く

JR廿日市駅・広電廿日市駅 ◀ 街道松 ◀ 桜尾城跡（桂公園） ◀ 津和野藩船屋敷跡 ◀ 廿日市八幡宮 ◀ 廿日市本陣跡 ◀ 佐伯郡役所跡 ◀ 常念寺 ◀ 福佐売神社

正連寺山門

明治天皇お休みの史跡が……

津和野藩船屋敷近くのお稲荷さん

コース⑭ 拡大図-A 廿日市から津和野岐れまで

地御前参道と分かれ、御手洗川上流へ

広電平良駅前 ◀ JR宮内串戸駅前

西国街道は海辺から離れ、山麓へとのぼっていきます

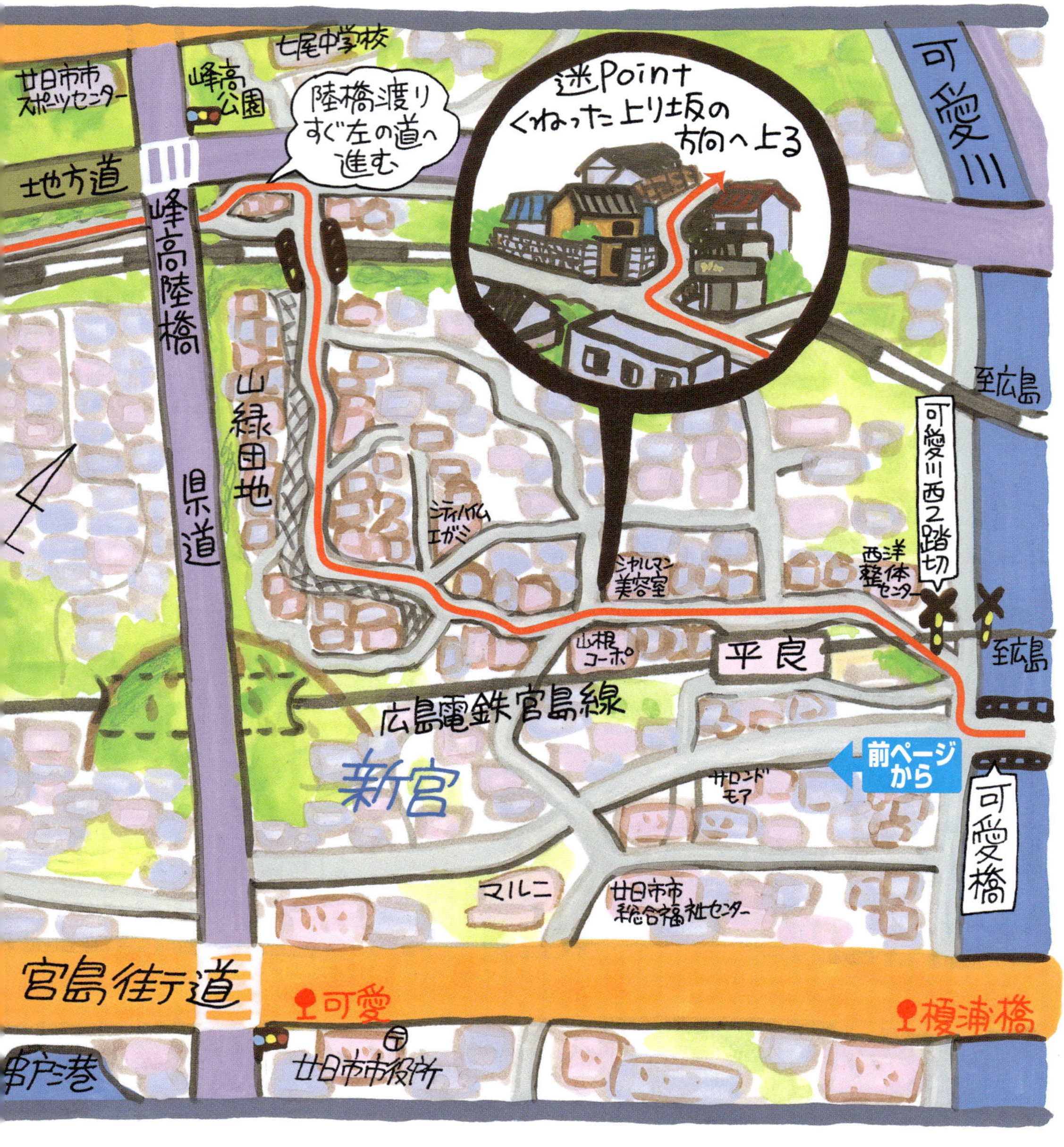

西広島バイパスの下を、車とバイパスの間の道を進んでください

山陽本線を越えて……
このあたり往時のおもかげはありません

地御前神社

コース⑭ 拡大図-B 廿日市から津和野岐れまで

C

御手洗川沿いを歩き、津和野岐れに向かう

一里塚跡 ◀ 専念寺 ◀ 権現神社 ◀ 夜泣き石 ◀ 津和野岐れ

専念寺には街道の茶屋があったといわれています

津和野岐れ付近。西国街道は左へ進みます

津和野岐れに向かう旧道脇のお社

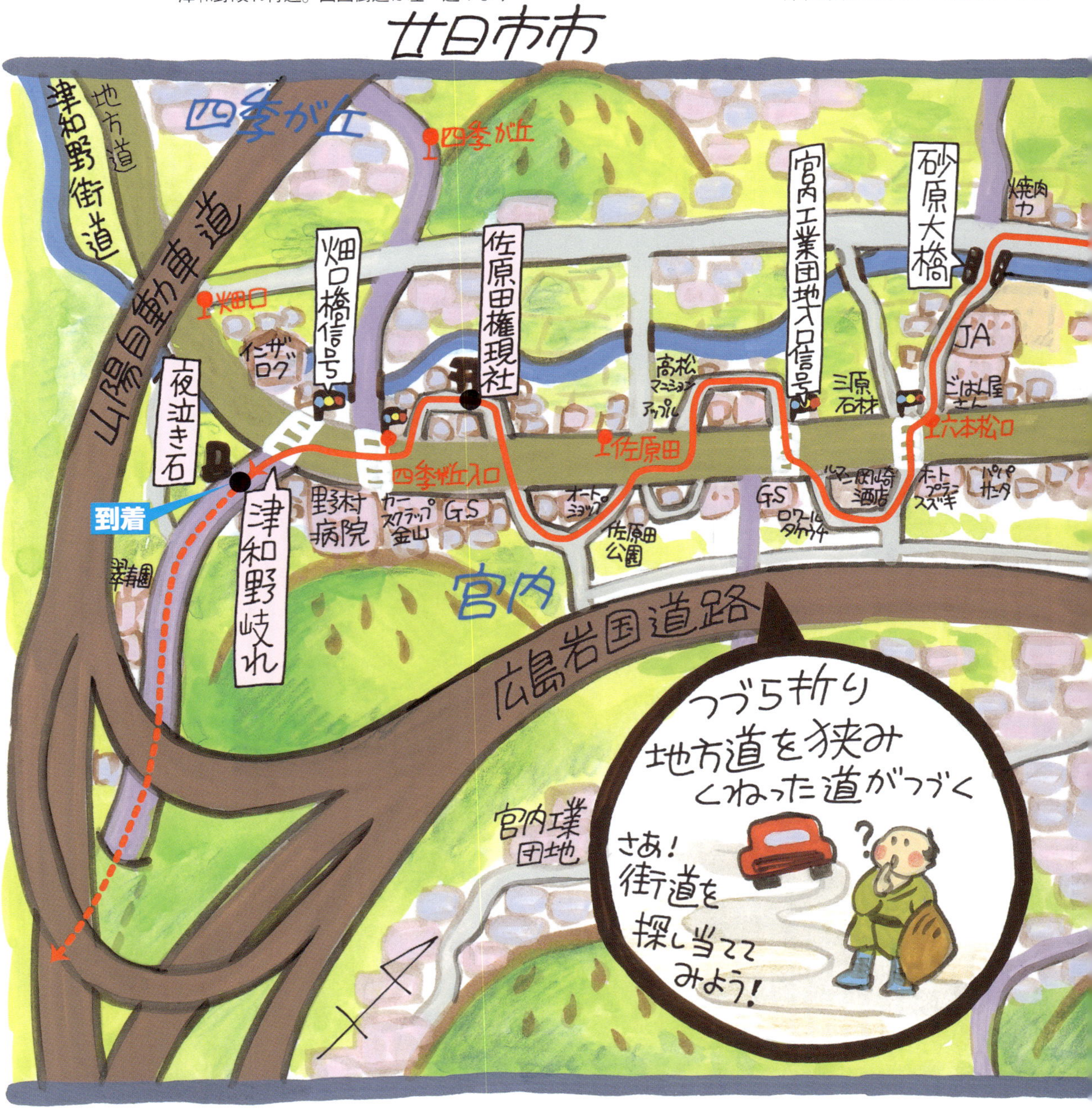

コース⑭ 拡大図-C 廿日市から津和野岐れまで

海に突き出た要害桜尾城跡

廿日市の街道松です

　JRの線路際の道を少し歩くとわずかに残った街道松を見ることができます。さらに道は海老橋を渡ったところから左へ、昔は塩浜であったと考えられるところを進みます。

　私はいま、この道筋を西国街道と考えています。国道2号を越えてしばらく行きますと、右に一里塚の碑があります。広島ご城下・元安川の元標から3里の一里塚です。桜尾城跡はもうすぐ…街道沿いの左手に城跡があります。

　と言っても10m以上も城跡の山は削り取られ、現在、桜尾城跡は高さ20m足らずの運動公園のような平坦な広場になっています。それでも城跡に立って往時をしのべば、三方を海に囲まれた天然の要害であったことがうかがえます。

　桜尾城の城主でありました藤原家は、厳島神社の神主でもありました。神領として治めていた勢力圏は佐伯郡、大竹市の全体および広島市の西半分という広い領域でありました。しかし、戦国の世にならい藤原家は、天文10（1541）年に大内氏によって滅ぼされ、その大内氏も陶氏に、陶氏は厳島合戦によって毛利元就に敗れます。陶晴賢《すえはるかた》の首実検はここ桜尾城で行われ、その後、コラム⑰でご案内いたします洞雲寺に葬られました。弘治元（1555）年の厳島合戦で毛利軍の本陣が置かれた城跡は、いま血生臭い戦の話など忘れたかのようです。

向こうの木立が桜尾城です

西国街道の宿場町・廿日市

　すでにお話いたしましたように、徳川家康は関ヶ原の合戦で勝利をおさめ全国支配の基礎を固めました。関ヶ原の合戦は慶長5（1600）年のことでしたが、その翌年の慶長6（1601）年には東海道に宿場を設定して、公用の旅行者や物資の輸送にあたらせました。

　もちろんこれまでも、輸送に従事する人たちはたくさんおりましたが、それを一定の場所に限定して公的な運輸機関としたのでした。さらにその翌年の慶長7（1602）年には中山道の整備が始まりました。

　一方、今私たちが探歩しております西国街道は五街道からはずれ、脇街道にはなりましたが、西国諸大名の参勤交代や幕府の要人の交通路として、いぜん重要な役割を持ち続けておりました。

　広島藩浅野家では寛永10（1633）年の幕府巡見使の通行やその後の参勤交代制度の確立にあわせて街道筋の整備を行っていきました。茶屋作事奉行・道橋奉行を任じて宿駅

（宿場）を設け、参勤交代のお大名が泊まる本陣（御茶屋）や脇本陣・伝馬の制などが整えられていきました。

宿場は、お大名や幕府の要人たちだけが利用するものではありません。交易・交流が盛んになってきますと、たくさんの人たちが商いのために、寺社めぐりのために、さまざまな目的と願いをもって街道を往来しました。その人たちのための旅籠《はたご》、宿場や物を売る店なども建ち並び、宿場町が形成されていきました。

ここ廿日市は、街道整備の前から賑わっていた町です。古くは「廿の浦」と呼ばれた廿日市は鎌倉時代から厳島神社の社領として往来多き町でした。そんな歴史ある町を、宿場町の面影を求めて歩いてみてください。

宿場・廿日市の町並み
ゆっくり探歩しましょう

ひげの梶さん　西国街道　もの知りコラム　16

厳島合戦

室町幕府・足利将軍はしだいに力を失い、各地の守護大名が力をつけて勢力争いが激しくなってきました。

ここ中国地方でも、周防の大内氏と山陰の尼子氏が抗争をくり返しました。大内氏は、次第に安芸国にも勢力を伸ばし、厳島神社も大内氏の庇護を受けることになります。安芸国の守護は、一時を除き、武田氏の手中にありました。しかし、武田氏の支配力は弱く、結局は、西の大内、北の尼子、南の河野といった、周辺の有力大名の顔色をうかがうほかなかったのです。

ところが、天文20（1551）年、その大内氏は、家老の陶晴賢の謀反によって敗れ、領主大内義隆は、長門の大寧寺《たいねいじ》で自刃いたします。

そして、また争いが始まりました。高田郡吉田におりました毛利氏は、武力制圧や、有力豪族との婚姻関係を成立させることにより、着実に勢力を伸ばし南下してきました。そして、大内氏と盟友関係にあったということで毛利元就が陶晴賢に兵を向け、宮島を舞台に、厳島合戦とよばれる戦が繰りひろげられます。

毛利軍は陶軍を次々と打ち破りますが、兵力的には、陶軍の方がまだまだ優勢でありましたので、一計を案じ、戦の場を宮島にもとめたのでした。みなさんがフェリーで宮島桟橋に着きますと、少し右前方に低い丘陵が海の方へのびています、ここ宮の尾、別名要害山に囮《おとり》の城を造ったのです。城を軟弱と見せかけて陶軍をおびき寄せます。

弘治元（1555）年、陶軍は２万の兵を率いて、この囮の城を攻めました。しかし、城の守りは堅く、その攻略に陶軍は手間どります。陶軍の厳島への渡航を確認しました毛利元就は奇襲を決意、草津から西南３里の地御前・火立岩に本隊を集結させます。

３日分の携帯食糧として、餅１袋、焼き飯１袋を腰につけさせ、日没を待って出航しようとしました。時は弘治元（1555）年９月30日、しかし一天にわかにかき曇り、海上は暴風雨となります。元就は「風雨は吉例である！」と言い放つと、酉の刻（午後６時ごろ）、地御前より厳島をめざして船を出したのでありあます。

亥の刻（午後10時ごろ）、包ヶ浦に3500とも4000ともいわれる兵は上陸いたします。風雨はおさまり、雲がきれて月の光が美しく海を照らしておりました。なんて！その場にいたわけではないので定かではありませんが、これからはじまる激しい戦闘を前に、静かに輝く月……。絶対、舞台演出としては最高！です。

さて、上陸した毛利軍は、博奕尾《ばくちお》をよじ登り、陶軍の主陣の置かれた塔の岡へ、背後から迫ります。そして、早朝、一気に鬨《とき》の声をあげて攻めかかります。満を持していた宮尾城内の軍勢も逆襲に転じ、陶軍を大混乱におとしいれました。

陶晴賢は、わずかな兵を従えて、大江浦まで逃げのびますが、もはやこれまで、と自刃して果てたと伝えられております。

火立岩跡。毛利軍が厳島をめざして出発した地

コース14

廿日市宿内を歩きます

廿日市の天満宮

明治天皇が廿日市に入られた折に休憩された場所という招魂社のあたりから、宿場町を感じさせる古い町並みが少し残っています。

山門を入ってすぐ左の梵鐘に高浜虚子の「結縁は疑も無き花盛」という句が鋳入された珍しい鐘を持つ正蓮寺を街道の右手に見ながら進みますと、天満宮の石段が現れます。灯籠の明かりは沖ゆく船の安全を守っていました。

鐘には高浜虚子の句が見えます（正蓮寺）

さすが、江戸時代に北前船の寄港地として栄えた廿日市です。天満宮の玉垣は全国の回船問屋によって寄進されたものでした。

この天神さまは桜尾城主であった藤原家によって相模国は鎌倉の荏柄天神が勧請されたものです。天満宮の向かいには廿日市本陣跡の碑、隣の中央公民館の場所には明治の洋風建築、美しい白壁の佐伯郡役所が建っていたそうです。

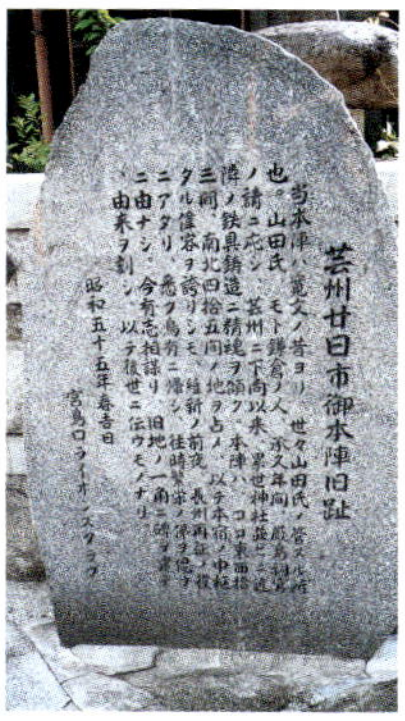
廿日市宿・本陣の碑

津和野藩の船屋敷跡・船溜跡

海が深く入り込んできていた桜尾城跡の下辺りには江戸時代、石見津和野藩・亀井家の船溜がありました。津和野藩は船屋敷や紙蔵を設け、虫の食わない高級和紙・石州和紙を廿日市の港から積み出していました。

西国街道を旅する私たちはこの先、山に入っていって津和野街道との岐れの地点を通ります。津和野への道、津和野街道は亀井家の江戸参勤交代の公路であり、石州和紙が運ばれる道であったのです。

津和野藩船屋敷跡の碑のすぐ側には、津和野の太鼓谷稲成神社を勧請した稲生神社の小さな祠があります。

津和野藩船屋敷の碑

ひげの梶さん 西国街道 もの知りコラム 17

応龍山《おうりゅうざん》　洞雲寺《とううんじ》

洞雲寺は曹洞宗・禅宗のお寺です。桜尾城跡でお話いたしましたように、城主は佐伯郡、大竹市の全体、広島市の西半分という広い領域を治めていました。

城主藤原教親《のりちか》とその子宗親《むねちか》のとき、わが家のますますの繁栄を願って洞雲寺を建立《こんりゅう》しました。長享《ちょうきょう》元（1487）年のことでした。それから50余年後の天文10（1541）年、桜尾城は大内氏に攻められ城は炎上、城主藤原興藤は自刃しました。ご本堂左手から墓地に入りますと、興藤の墓（宝篋印塔）があります。

桜尾城でお話ししました陶晴賢の首塚はさらに奥に進んだところです。ご本堂のところに戻って、反対の右手奥には穂田《ほいだ》元清夫婦の墓と桂元澄《もとすみ》の墓があります。厳島合戦のときは桜尾城が毛利軍の本陣となっていたわけですが、その桜尾城の城主を務めていた毛利家の重臣が桂元澄です。

のちに明治の元勲に桂太郎という方が出ましたが、この桂太郎の先祖にあたります。桜尾城跡がいま、桂公園と呼ばれていますのはここからくるのです。さて穂田元清は毛利元就の四男、毛利氏が萩へ移りますと桜尾城は廃城となりますが、その最後の桜尾城主でありました。

地御前神社への道

旧暦6月17日の夜行われる厳島神社の管絃祭は、美しい幻想的な神事です。近年、昔日のような賑わいが薄れていることがかなしく感じられます。3匝《そう》（艘）の漕ぎ船に引かれた管絃船は地御前神社へと神幸されます。

厳島は厳島大神の御鎮座の地として、島そのものを神として崇め、社殿が建てられた後も人は住んでいませんでした。神に仕える神官たちも祭典の時は船で島を往復していたのです。

しかし、風や波の強い渡海が困難なときもあります。そんな日のために対岸にも御社殿を建てて、そこで祭典を行いました。それが「島の御前」（厳島神社）に対する「地御前社」なのです。もちろん、ご祭神は「島の御前」と同じであることは言うまでもありません。神官たちが厳島に定住する鎌倉時代中期以前は神に仕える人たちの生活の本拠が地御前でしたから、広大な境内地を有していたことでしょう。

いまは、国道2号、広電宮島線とJR山陽本線に挟まれてしまっています。西国街道から別れてこの地御前神社への道は、信仰の道としてさぞ賑わったことでしょう。JR宮内串戸駅前を過ぎると道はT字路にぶつかります。左へ行くと広電の宮内駅ですが、右に曲がって、すぐ一本目を左に入って行く道、これが地御前道です。

専念寺前の一里塚

左手を流れる御手洗川に沿って西国街道を歩いてきました私たちは、宮内橋の手前で左に一里塚の碑を右に専念寺を見ることができます。一里塚は元安川の元標から4里、ここらでひと休み、専念寺の境内には街道を行き来する人のために休息の茶屋があったとも伝えられています。

道はこれから津和野街道との岐れにむかって、緩やかに上っていきます。ただし、いまはその道も車の激しく通る道路に寸断され、道路のこちらから向こうへ、向こうからこちらへと何回も渡ることになります。車に充分気をつけて歩いてください。

専念寺前の一里塚

津和野岐れの夜泣石

廿日市でお話いたしました津和野街道と西国街道との岐れは、畑口橋のバス停の手前を左方向へと続く西国街道をほんの少し入ったところから右に別れて行く道でした。現在は高速道路の建設でこの辺りも往時の面影はありません。

しかし、いま、バス停の手前を左に入っていきましたその道の角の草の中に「南無阿弥陀仏」と彫られた供養の石があります。車に気をつけて、見つけてください。江戸時代、津和野岐れに三角形の自然石があって、この石から毎夜、赤ちゃんの泣き声が聞こえてきたそうです。そこで南無阿弥陀仏と彫った石塔を建て、ねんごろに供養したところ泣き声は聞こえなくなったというのです。

津和野岐れにある夜泣き石・供養塔

コース15

津和野岐れから大野浦まで

歩きはじめは高速道路の脇、ちょっぴりがっかりする道なのですが、進むにつれて西国街道を歩いていてよかったと、楽しさを実感してくる変化に富んだコースです。おいしいお弁当を持って、一日ゆっくり探歩してください。

160～171ページ

おすすめポイント

JR宮内串戸駅・広電宮内駅 ◀ 津和野岐れ ◀ 四郎峠 ◀ 今川貞世歌碑 ◀ 一里塚跡（塚の松跡） ◀ 高庭駅家・濃唹駅跡 ◀ 高畑のため池

コース⑮ 全体図

今川貞世歌碑。大野・中山の地を訪れたときに詠んだ歌

江戸時代にタイムスリップしたかのような西国街道

交通アクセス

JR宮内串戸、広電宮内駅近くのバス停から畑口まで、帰りはJR大野浦駅からです。

●JR「大野浦駅」
☎0829-55-0200

●広電バス楽々園出張所
☎082-922-8906

千人塚 ◀ 大頭神社 ◀ 妹背の滝 ◀ JR大野浦駅

A

中世の紀行文『道ゆきぶり』の風情を味わう

JR宮内串戸駅・広電宮内駅 ◀ 津和野岐れ ◀ 四郎峠 ◀ 今川貞世歌碑 ◀ 一里塚跡（塚の松跡）

今川貞世の歌碑がある岐れの地点

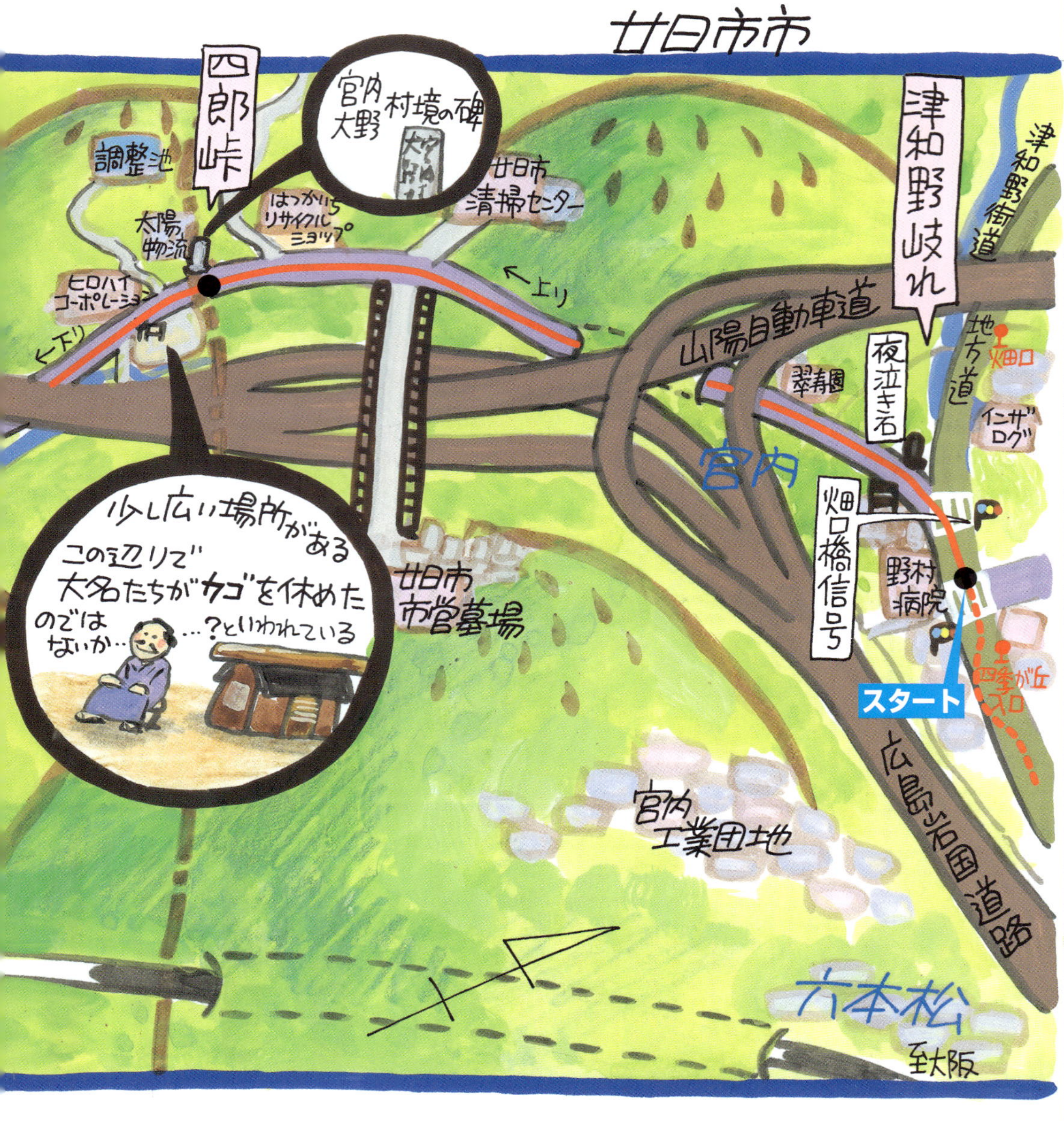
廿日市市
四郎峠
宮内 大野 村境の碑
調整池
はつかいちリサイクルショップ
廿日市清掃センター
太陽物流
ヒロハイコーポレーション
←下り
←上り
津和野岐れ
津和野街道
山陽自動車道
地方道
畑口
夜泣き石
翠寿園
インザログ
宮内
畑口橋信号
野村病院
四季が丘入口
スタート
少し広い場所がある
この辺りで大名たちがカゴを休めたのではないか…？といわれている
廿日市市営墓場
宮内工業団地
広島岩国道路
六本松
鉄阪

⑬
塚の松跡
街道には一里ごとにその目印として一里塚が設けられ、その上に松が植えられておりました。この付近はその塚の跡と伝えております。
塚の松跡。一里塚には、松が植えられていました

西国街道は公民館の左の道をガードレールに沿って進んでください

佐伯郡(大野町)
少し下った所に
埋もれた一里塚の
碑がある
(塚の松跡)
中山
中山川
広島岩国道路
観音さまと
今川貞世歌碑
↙下り
永慶寺川
十郎原
三田億工業
中山集会所
一里塚・塚の松跡
次ページへ
迷Point
集会所の方向へ
進みましょう
中山集会所
中山へ
更地
JR山陽新幹線
至博多
福面

コース⑮ 拡大図-A 津和野岐れから大野浦まで

コース⑮

B

大野五人兄弟を偲びながら、山沿いの街道を行く

一里塚跡（塚の松跡）◀新宮神社

民家の間を西国街道は西へ西へと続きます

佐伯郡（大野町）
高見川
丸子川
広島岩国道路
十郎原
三田億工業
高見
グリーンの建物が目印
十郎原
ミラー
ミラー
ミラー
グリーンヒル
土道
資材置場
十郎原橋
中山川
一里塚・塚の松跡
前ページから
迷point 道幅が狭くなるが、まっすぐ進みましょう！
資材置場
道の両サイドが3尺ずつ計6尺狭くなった
昔は道幅も広く殿様が通りよったんじゃー！
…と山口さんちのご主人曰く
原橋
KO橋
中別府
鯛の原
至大阪

味わい深い山沿いの道を進みます

石垣の脇を抜けて……

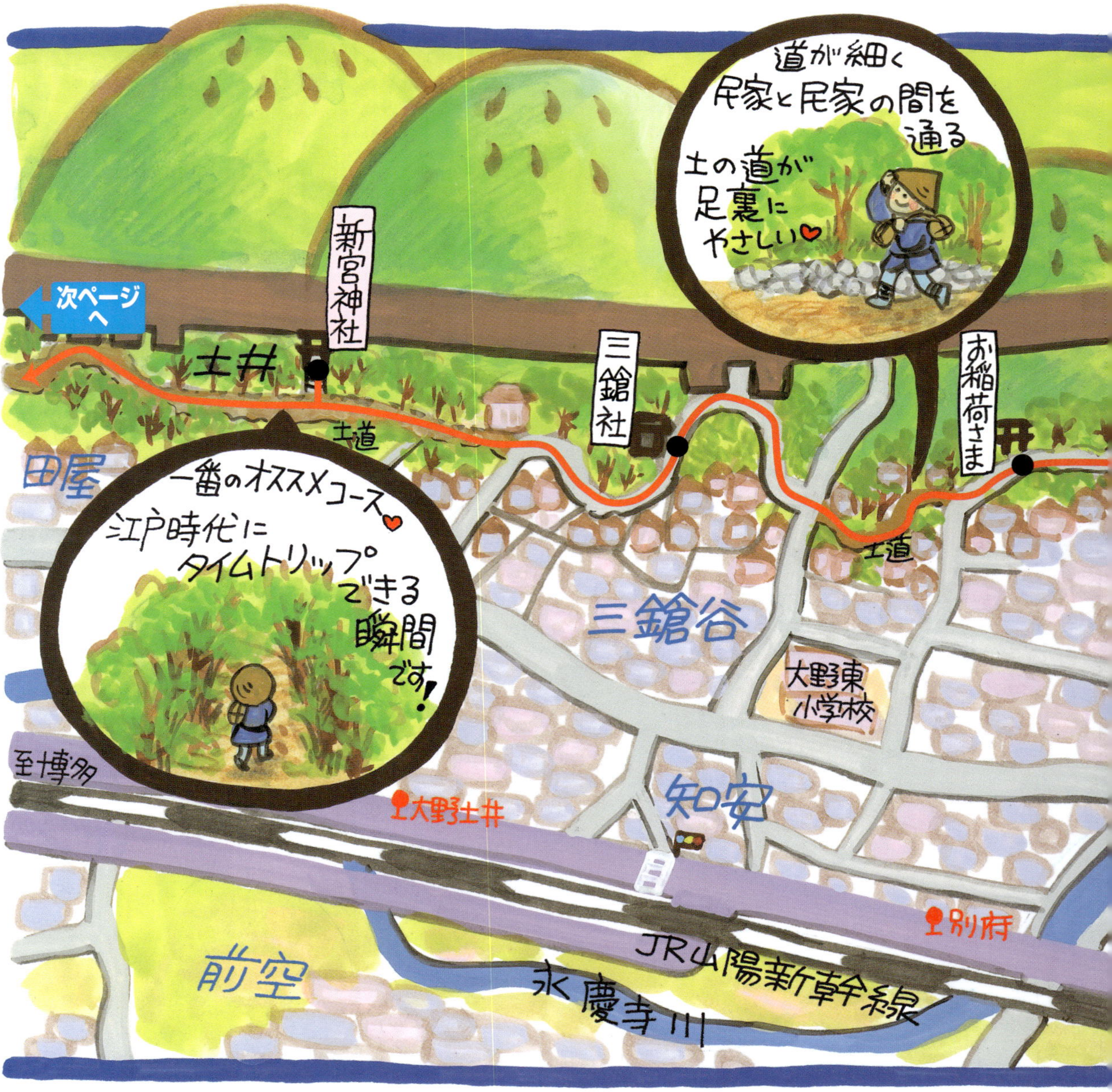

コース⑮ 拡大図-B 津和野岐れから大野浦まで

コース15

C
歴史の散歩道を満喫し、妹背の滝へ

高庭駅家・濃唹駅跡 ◀ 高畑のため池 ◀ 千人塚 ◀ 大頭神社 ◀ 妹背の滝 ◀ JR大野浦駅

柔らかい日差しが心地いい

佐伯郡(大野町)
中津岡川
広島岩国道路
高畑ため池
陣場跡
高庭駅家跡
濃唹駅
前ページから
田屋
高畑
陣場
江戸時代からあるため池
5月下旬～6月上旬ころに
美しいハスの花が咲く
歴史の散歩道
街道入口の標識
高畑
至大阪
JR山陽新幹線
池田保育園前
物見東
物見西

妹背の滝。雄滝と雌滝の２つの滝がある

厳島神社の摂社・大頭神社

コース⑮ 拡大図-C 津和野岐れから大野浦まで

室町幕府三代将軍足利義満から九州探題に任ぜられた今川貞世

今川貞世が九州探題に任命されて京都から任地に下ったのは、応安4（1371）年のことでした。九州の地に向かったとはいっても、一気に九州に入ったのではなく、途中、長い時間をかけての旅でした。それは貞世が、備後・安芸の守護をも兼ねていたからです。

九州への道々、室町幕府の考え、力を各地に認識させる努力をしながらの旅でした。尾道から任地に一緒に同行する一族の人たちを海路九州に向かわせた後、貞世は、安芸国沼田荘、本書の竹原田万里から本郷宿へ歩くコースで沼田川を渡りますが、その本郷町に3カ月も滞在しています。

そして海田町にも20日間いて、ようやく海田の浦を出発して太田川を渡り佐伯郡に入っています。日帰りで厳島に詣でたり、貞世の旅の様子は、彼が書きました紀行文『道ゆきぶり』で知ることができます。

高速道路が隣りを走るあまりおもしろくない道を歩いてきました私たちは、今川貞世の歌碑の先から旧道の風情をちょっぴり楽しむことができるようになります。

『道ゆきぶり』では、この辺りの様子を「21日は、佐西浦を出て、地の御前というやしろの西、ひかたより山路に入るまでに、おほの中山という所に来りぬ。長月の有明の月影しらしらと残りて、木の下露はまことに笠ももりぬべく、所せきもみぢの色こく見わたされたる中に、しひの葉の嵐にしろくなびきて、松の声山川の音にひびきあいたる朝ぼらけ身にしみておぼえたり」と、記しています。

とにかくにしらぬ命をおもうかな
わが身いそぢにおほの中山

むかしたれかげにもせんとまく椎の
おほの中山かくしげるらん

今川貞世の歌碑

塚の松跡（一里塚）

埋れた一里塚碑（塚の松跡）

いま、私たちが歩いていますこの道は、明治12（1879）年に海岸沿いに新しい国道が開通しますと官道としての役割を解かれます。本書を手に西国街道を歩いてくださっておりますと、草が茂り、これが参勤交代のお殿様が通った道なのかと驚かれるところがたくさんあることと思います。

この辺りは車も通りますし、現在も使われている生きた道ですが、忘れ去られようとしている道が多いのです。左へ10mほど降りてください。一里塚跡の石柱を見つけていただけると思います。

現在は何もありませんが、往時はこの付近に一里塚があって松がそびえていたと伝えられています。塚の松跡とも呼ばれています。大きな木の陰は、道行く旅人のひと休みの場所になったことでしょう。

民家の前を通る西国街道

18

ひげの梶さん 西国街道 もの知りコラム

お地蔵さま❸　お閻魔さま、ふり返るとお地蔵さま

中国においては唐代の末頃に成立し、わが国には平安時代の後期に伝わり、鎌倉時代に大流行いたしました信仰に十王信仰があります。私たちは死にますと、冥界（仏の世界）にあって死者の罪業を審査・裁判する10人の王（十王）の調べを受けなければなりません。

そのお調べは死後７日ごとに行われます。初七日は秦江王《しんこう》・二七日《ふたなのか》は初江王《しょこう》、三七日は宋帝王、四七日は五官王、そして五七日が最も有名な閻魔王《えんま》、六七日は変成王《へんじょう》、七七日は太山王、百ヶ日は平等王、一周忌は都市王、そして三回忌の五道転輪王の10人の王の審査によって、天上・人間・修羅・畜生・餓鬼・地獄の六道いずれかに送られるというのです。

中国道教の影響の強いこれら十王は、やがて仏教との融合の中で本地仏が決まります。閻魔大王の本来の姿は地蔵菩薩、秦江王は不動明王、初江王は釈迦如来というようにその本来の姿（真実身）を本地仏とよび信仰してきました。

歴史探歩をしておりますと、各地で十王堂と呼ばれるお堂に出会います。このお堂の中には閻魔大王をはじめ10人の王が祀られているのです。

親しみやすいお地蔵さまは冥界では閻魔さまなのですから。自分の行いに不安のおありの方は現世でお地蔵さまと仲良くしておくと、裁きを受けるとき、閻魔さまは覚えていてくださるかもしれません。

といっても、あと9人の王がいるのですから、全員と仲良くしていなければならないことになります。3人の王を書きましたが、後の7人も知りたいという方のために本地仏を記しておきます。

秦　江　王	→	不動明王（初七日）
初　江　王	→	釈迦如来（二七日）
宋　帝　王	→	文珠菩薩（三七日）
五　官　王	→	普賢菩薩（四七日）
閻　魔　王	→	地蔵菩薩（五七日）
変　成　王	→	弥勒菩薩（六七日）
太　山　王	→	薬師如来（七七日）
平　等　王	→	観世音菩薩（百ヶ日）
都　市　王	→	勢至菩薩（一周忌）
五道転輪王	→	阿弥陀如来（三回忌）

コース⑮

高庭駅家跡《たかにわのうまや》と濃唹駅跡《のう》

ここ高畑の薬師堂のあたりが、古代山陽道の駅家《うまや》・高庭駅家があったところといわれています。古代山陽道は、都と筑紫の太宰府とを結ぶ重要な道でありました。駅家には公用で通行する人が乗り継いでいくための駅馬《はゆま》が用意されていました。重要な大路では20疋《ひき》、その次の中路では10疋、小路で5疋の馬を置くことになっていました。

山陽道は重要な大路でしたから、ここ高庭駅家にも20疋の駅馬が用意されていたことになります。濃唹駅は高庭駅家が廃止された後に建てられたものでしょう。いずれにしても、高庭駅家・濃唹駅はこのあたりにあり、駅務が活発に行われていたものと思われます。

柔らかい落葉の道を踏みしめながら……

19

ひげの梶さん 西国街道 もの知りコラム

大野の五人兄弟

大野の地をはじめて開いたのは五人の兄弟であったという言い伝えがあります。時代は聖徳太子がご活躍のころ、推古天皇の御代《みよ》に天皇からのご命令で太郎・次郎・三郎・四郎・十郎という五人の兄弟が大野村に下って来て田畑を開いて農業を始めたというのです。この五人の兄弟を大野の五郎、「大野五郎」とよんでいます。

大頭神社のご縁起書には「大野次郎は当村の内土居という所に居住せり。屋敷一町四方（約109m四方）にして前には大堀を構え、左右に樹木を植え住居せり。この人の居宅を里人御土居《おどい》と号す。今の土居という是や。西の方にあたりて大野次郎の霊神あり。兄の太郎は当村下の境鴨川の辺に住めり。弟三郎は鯛山の辺に住めり。（中略）弟四郎は是より一里上中山という処に住めり。中山の大歳明神というは即ち四郎の霊神なり。今上の境を四郎峠といえり。同弟十郎は鯛原という処に住めり。味口という処に十郎ヶ原という所あり。此の辺十郎が開きし処なり。古森という此の大歳社は十郎の霊神なり」と記しています。

中世において土地を領した土豪・武士層たちは半武士半農としての業わいをもちながら、その土地の名前を姓にいただき支配を固めていました。村の頭である土豪の家を「お土居」とか「お館」とよび、一族の結束を固め、館内に暮らす農民もまた同族と考え団結していました。

そして、一族の信仰する自分たちの祖先神・屋敷神は地域全体の氏神や産土神《うぶすなかみ》となっていきました。言い換えれば、地域を支配する一族のその支配の必然性を物語るお話として定着していったのでしょう。

⑫
十郎原
伝説「大野五郎」の五人兄弟のうち末弟十郎が開墾したところとして十郎原の名が残っています。
十郎原。大野五人兄弟の末弟十郎が開墾したといわれています

高庭駅家跡

高畑のため池

ため池の蓮の花咲く水面に感動したことがあります。街道の右、木々に覆われた道の際に高畑のため池はあります。『芸藩通志』にも載っています。大野では最も古い灌漑《かんがい》用のため池です。小さな小さな池は四季折々、街道をゆく私たちに違う装いを見せてくれます。

蓮の花が鮮やか（高畑のため池）

千人塚

大頭神社のほんの少し手前、左奥に滝ノ下千人塚があります。元治元（1864）年と慶応2（1866）年の2度にわたる幕府の長州征伐の1回目は長州藩の謝罪により戦闘には至りませんでしたが、2回目（第2次征伐）では幕府軍は長州軍に撃破され、幕府権力が崩壊に瀕していることを明白にしてしまいました。

この第2次長州戦争のとき、大野村は戦場となりました。その激戦地は四十八坂と、ここ滝ノ下付近でした。慶応2（1866）年6月19日と25日の合戦が最も激しかったといわれています。

非業の最期を遂げた多くの戦士たちを葬った千人塚に静かに手を合わせたいと思います。

千人塚は、長州と幕府との戦跡

大頭《おおがしら》神社と妹背《いもせ》の滝

大頭神社の奥にある妹背の滝は、歩き続けてきました私たちに一息入れるための心地よい場を提供してくれます。私の歴史探歩会では、ここでお昼のお弁当をいただきます。本当に気持ちのよい澄んだ空間です。妹背《いもせ》とは妹《いも》と夫《せ》、すなわち夫婦を意味します。

当然、滝は雄滝《おんだき》と雌滝《めんだき》の2つ、四季折々に美しい谷には大頭神社のご社殿が建っています。神社は厳島神社の摂社として、推古天皇11（603）年に建立されたと伝えられています。ご祭神は国常立尊《くにとこたちのみこと》・大山祇尊《おおやまずみのみこと》・そして厳島神社の最初の神職佐伯鞍職《さえきのくらもと》を祀っています。

大頭神社の社殿

妹背の滝。ここでお昼のお弁当は最高です

コース16 大野浦から玖波・苦の坂入口まで

大野浦駅を出発して少し歩けば、もう瀬戸内海に浮かぶ美しい宮島を眺めることができます。そして、その先は四十八坂、残念さん、鳴川の石畳と驚き！感動の連続です。広島県内の西国街道のなかで、最も印象深いコースのひとつです。

172〜183ページ

ひげの梶さん おすすめポイント

JR大野浦駅 ◀ 一里塚跡（今川貞世歌碑） ◀ 向原の石畳 ◀ 古代山陽道 ◀ 四十八坂 ◀ 残念社 ◀ 依田神社 ◀ 鳴川の石畳

ＪＲ大野浦駅前の今川貞世歌碑

このコースからは、
瀬戸内海がよく眺められる

交通アクセス

JR大野浦駅からスタート、終着は苦の坂入口。そこからはJR大竹駅まで歩いて出るか、本数は少ないのですが、市役所前からバスに乗ります。

●JR「大竹駅」
☎0827-53-0022

●バスのお問い合わせ
☎0827-59-2142
（大竹市市民課）

角屋釣井 ◀ 玖波本陣跡 ◀ 芭蕉の句碑 ◀ 橋姫神社 ◀ 苦の坂入口

コース16

A 宮島を望み、苔むした石畳の残る古代山陽道を歩く

JR大野浦駅・一里塚跡（今川貞世歌碑）◀向原の石畳◀古代山陽道◀残念さん入口

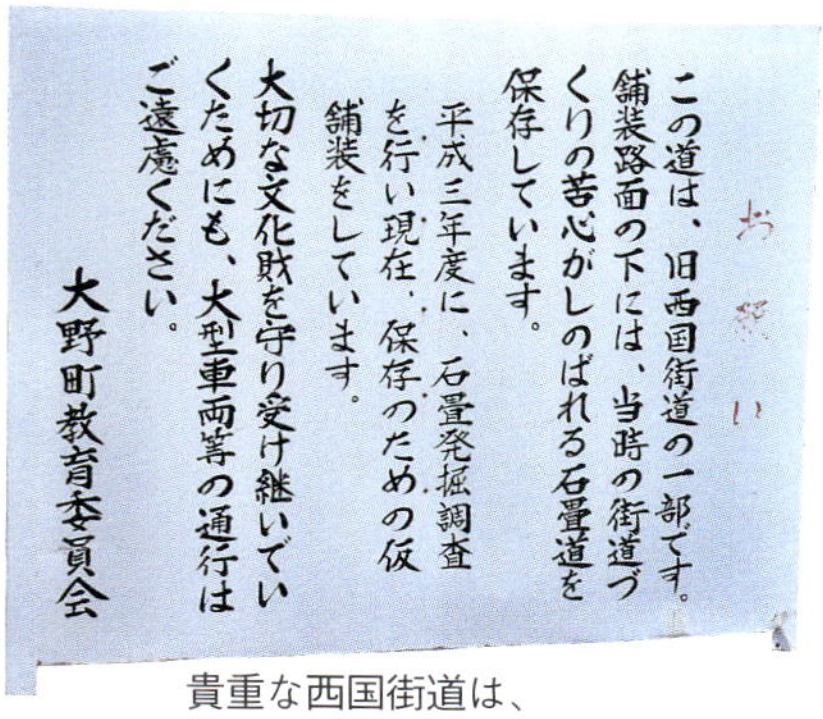
お願い

この道は、旧西国街道の一部です。舗装路面の下には、当時の街道づくりの苦心がしのばれる石畳道を保存しています。

平成三年度に、石畳発掘調査を行い現在、保存のための仮舗装をしています。

大切な文化財を守り受け継いでいくためにも、大型車両等の通行はご遠慮ください。

大野町教育委員会

貴重な西国街道は、
みんなの手で保存・継承しましょう

佐伯郡（大野町）
当時の街道を残したまま
保存の為仮舗装がしてある
急な坂を上りきると
サイコー♥の
景色が
待っています！
広島岩国道路
向原の石畳
入口に気をつけて
バス通りに出る
上り
民家
塩屋
都市計画道深江林ヶ原線
本覚院
道が細くなる
祠
祠
今川貞世歌碑と一里塚跡
丸石
向原川
青海苔川
中川歯科
広銀
林が原
橋本ハイツ
林が原
船倉
県道
大野浦
スタート
丸石
林が原
沖塩屋
至広島

街道脇にある宮浜温泉の源泉地

案内板の下に降りていくと、古代山陽道が少し残っています

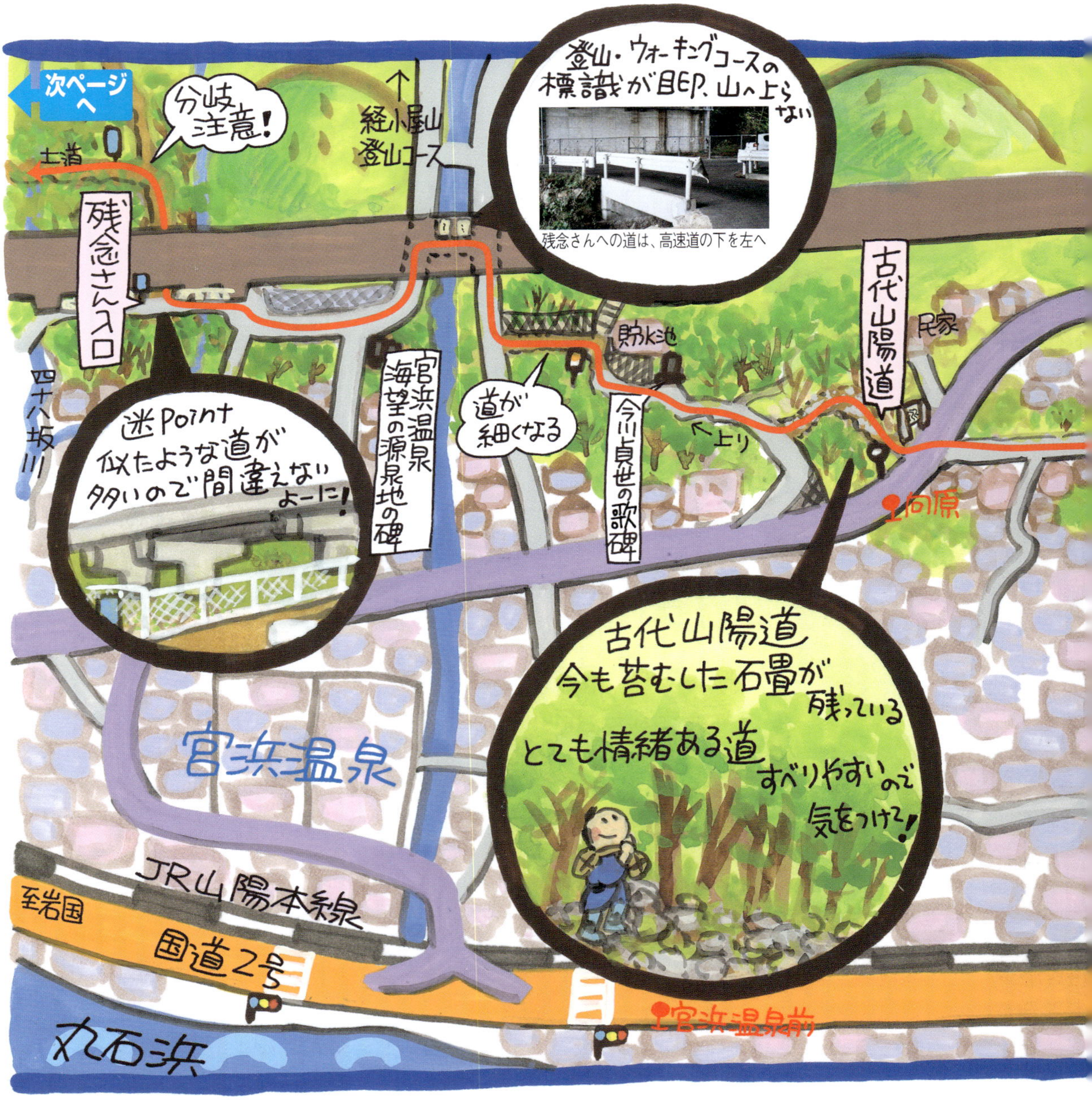

コース⑯ 拡大図-A 大野浦から玖波・苦の坂入口まで

B

長州戦争の激戦地・四十八坂を上り、「残念さん」へ

残念さん入口 ◀ 四十八坂 ◀ 残念社 ◀ 依田神社 ◀ 腰掛け岩 ◀ 鳴川の石畳 ◀ 玖波隧道

石垣の脇を抜けて……

玖波隧道を抜けて玖波宿へ

あのトンネル入口の上を歩くことになります。
あとは現場でのおたのしみ……

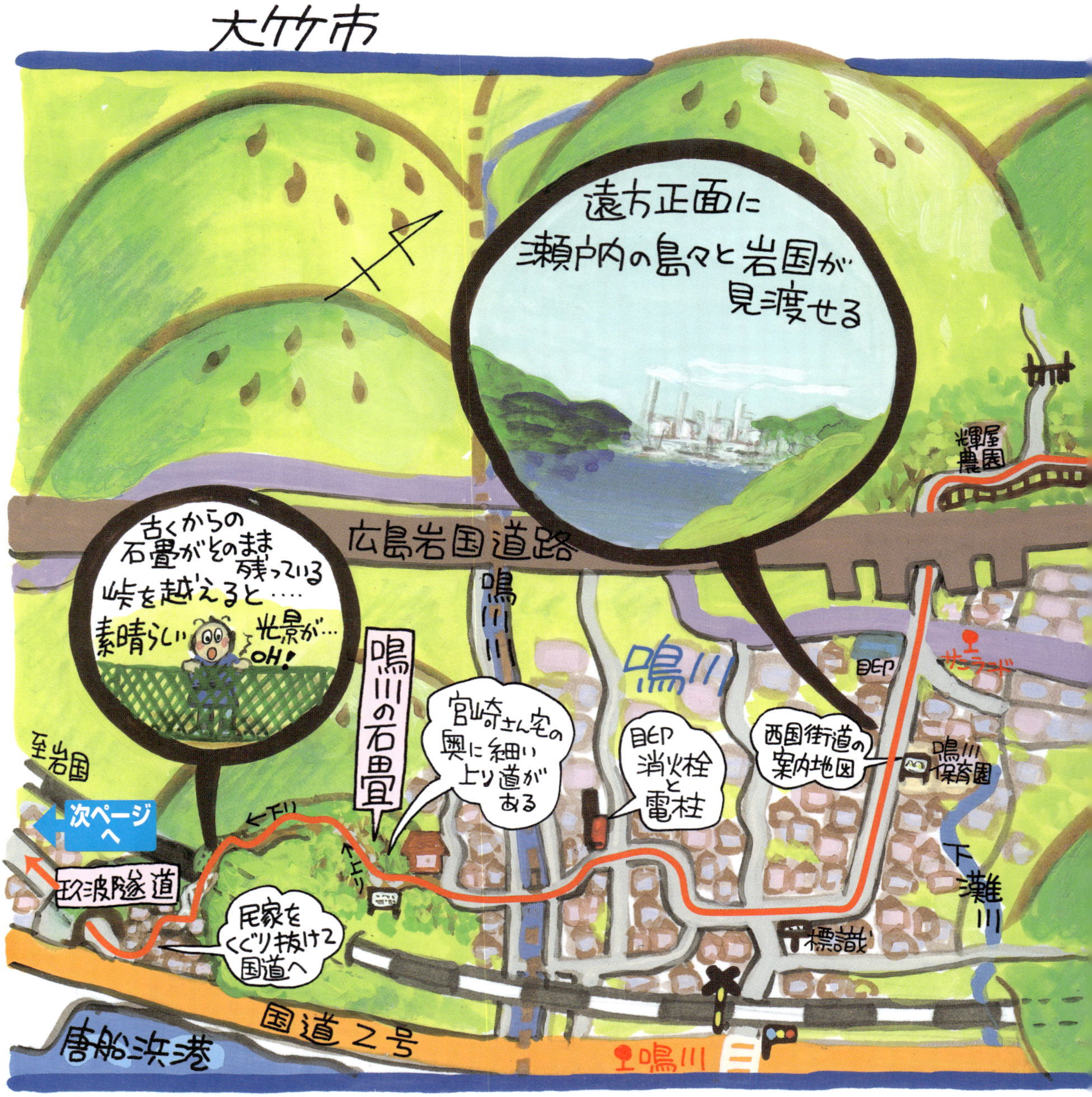

大竹市
遠方正面に
瀬戸内の島々と岩国が
見渡せる
広島岩国道路
古くからの
石畳がそのまま
残っている
峠を越えると……
素晴らしい
光景が…
OH!
鳴川の石畳
宮崎さん宅の
奥に細い
上り道が
ある
目印
消火栓
と
電柱
西国街道の
案内地図
鳴川
輝屋農園
サンラッド
目印
鳴川保育園
下瀬川
標識
至岩国
次ページへ
玖波隧道
民家を
くぐり抜けて
国道へ
国道２号
唐船浜港
鳴川

コース⑯ 拡大図-B 大野浦から玖波・苦の坂入口まで

C

宿場らしい風情の残る玖波宿をめぐる

玖波隧道 ◀ 角屋釣井 ◀ 玖波本陣跡 ◀ 芭蕉の句碑 ◀ 橋姫神社 ◀ 苦の坂入口

右へJRの線路下をくぐります

角屋釣井と高札場跡

橋姫神社

西国街道の静かな道が続きます

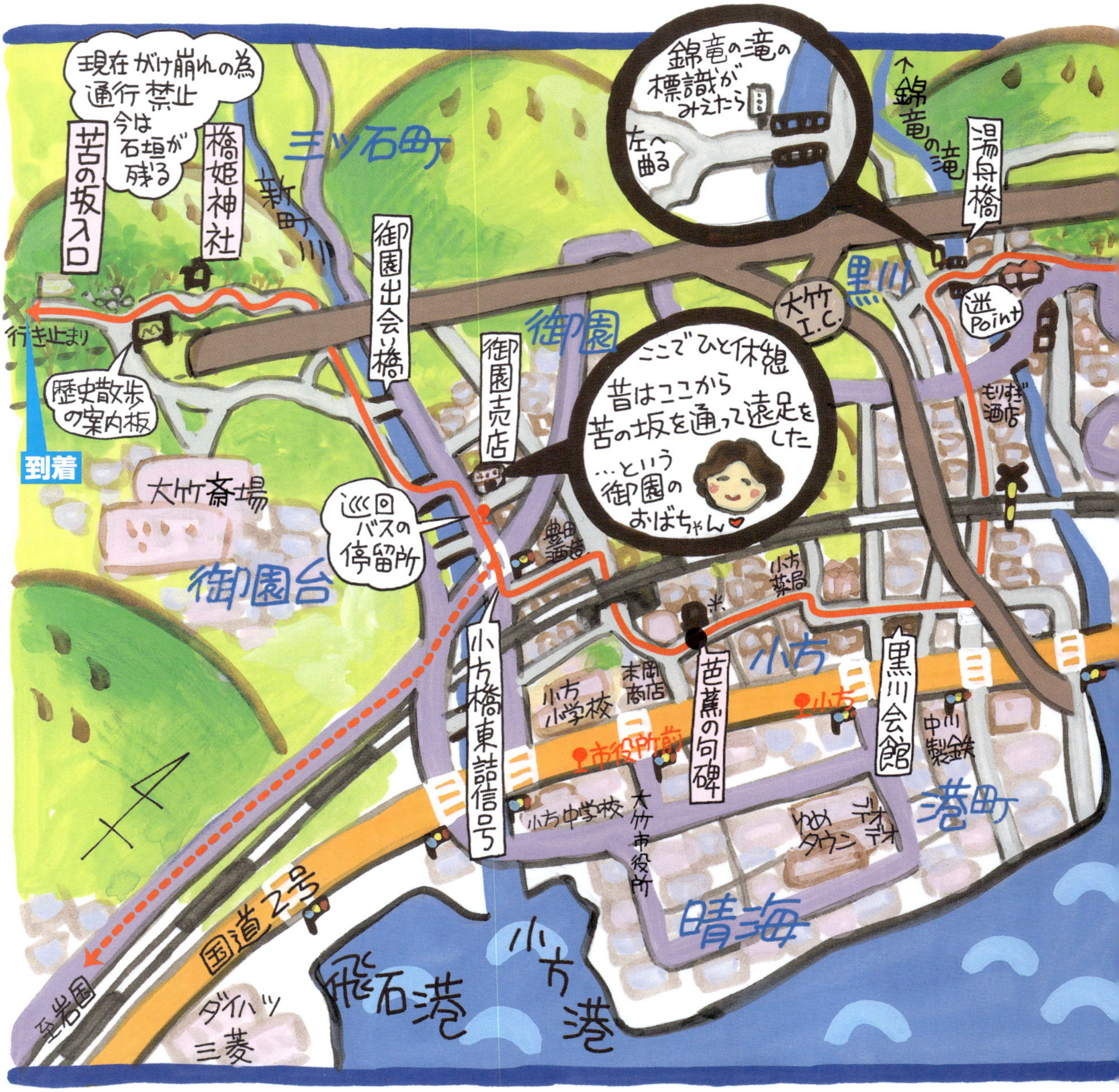

コース⑯ 拡大図-C 大野浦から玖波・苦の坂入口まで

今川貞世の歌碑二つ

足利義満から九州探題に任ぜられた今川貞世（了俊）のことはすでにお話しましたが（168ページ参照）、その今川貞世は応安4（1371）年9月21日に大野を通過しています。

『道ゆきぶり』には「この山をわけ下りてまた浦に出でたり。ここをもおほのうらといふなり、むかふの山はいつく島山の南のはずれなりけり」と記され、名文は続きます。そして一首、この歌は一里塚の碑とともに、ＪＲ大野浦駅の前に建てられている碑に刻まれています。

おほのうらをこれかととへば山なしの　かたへのもみじ色に出でつつ

さらにもう一つ、向原の石畳道（いまは舗装された道の下になっています）を過ぎてから

浪の上に藻塩《もしお》やくかと見えつるは
蜑《あま》の小船にたく火也《なり》けり

と刻まれた歌碑があります。

ＪＲ大野浦駅前の西国街道

保存のため仮舗装している石畳道。大野浦駅前をすぎ、しばらく行くとあります

今川貞世の歌碑と一里塚碑（ＪＲ大野浦駅前）

よいしょこらしょの四十八坂

よいしょ、こらしょと登らなければならない四十八坂なのですが、現在はそれ以上に荒れた道、草深い藪道を歩くのに少々難儀します。高速道路の建設によって地形が交わってしまったところもあり、旧道を探しながらの旅となります。

本書のイラストに書き込まれた迷ポイントの所では特に気をつけて歩いてください。ここ四十八坂も長州戦争のときは激戦地となりました。いま、小鳥のさえずりと木々を渡る風の音しか聞こえないこの静かな山道に激しい銃声が響いたのでしょう。さあ！汗が引いたら、また歩き始めましょう。

苔むした石畳が残る古代山陽道

振り返ると宮島が美しい

残念さんへの道

残念さん

慶応2（1866）年7月9日、この四十八坂を緋色《ひいろ》の軍服を着て単騎で西に向かって走る幕府軍の武士がいました。長州の遊撃隊は戦闘員と見て狙撃します。弾丸《たま》にあたったその武士は、「残念」と叫んで倒れました。

後にこの武士は丹後宮津藩士の依田伴蔵で、軍使として長州軍営へ赴く途中であったことがわかり、長州軍も遺憾の意を表したといわれています。「残念」の一言を残して死んでいった伴蔵を哀れんだ村人は祠《ほこら》を建ててお祠りをしました。

残念社

吉田松陰、腰掛の岩

瀬戸内海を望む。もう玖波宿は近い

東京都中央区日本橋小伝馬町に江戸時代の伝馬町牢屋敷跡の一部が十思公園として残っています。この牢屋敷で吉田松陰は安政6（1859）年10月27日に処刑されました。安政5（1858）年6月の日米修好通商条約の調印後、松陰の論は過激の度を加えたものですから、長州藩はその年の末に再び松陰を投獄し、さらに翌年5月、幕命に従って江戸へ護送したのです。国境《くにざかい》・木野川《このがわ》（山口県側では小瀬川）に差しかかり、防長二州との最後の別れに

夢路にもかへらぬ関を打ち越えて
今をかぎりと渡る小瀬川

と詠んでいます。安芸国に入った護送の一団は、この西国街道を東へ東へと向かったのです。残念さんから少し先へ進みますと、右に吉田松陰腰掛の岩があります。

玖波宿・角屋釣井

角屋釣井のところは宿場の高札場《こうさつば》でもありました。高札とは立札《たてふだ》ともよばれ、木の板に御法度（禁則）や掟などが墨で書かれていました。当然、旅ゆく人に伝えるものですから人の目につきやすい宿場内の要所や渡船場、街道の追分《おいわけ》などに置かれました。

宿場の貴重な飲料水として使われてきた角屋釣井の場所は、玖波宿の要所であったのです。東隣は廿日市、西隣は関戸、それぞれの方向にむけて往来する旅人のための人馬の継ぎ立ても行われました。井戸の脇の案内板には、本陣の図も掲げられています。

しかし、この図の本陣を私たちは見ることはできません。慶応2（1866）年の長州戦争で焼けてしまったのです。

静かな宿場・玖波の町並み

角屋釣井と高札場跡

ひげの梶さん　西国街道　もの知りコラム　20

イワシ漁

春から秋にかけての８カ月ほど、玖波の沖合はイワシ漁で活況を呈していたといわれています。

しかし、イワシ漁の最盛期も昭和４０年頃をもって終わったと聞きました。イワシは沿岸回遊性の魚なので、江戸時代から全国各地の沿岸でさかんに漁獲されていました。漁獲量は当時から多く、魚類漁獲量の３～４割を占めるときもあったようです。戦国の終わりから江戸時代にかけて、各地でイワシ漁が盛んになっていきます。

その頃、政治や文化だけではなく、農業の面でも進んでいた近畿地方では米・綿花・菜種・みかんなどを育てる肥料として、「ほしか」がとてもよいと考えられていました。「ほしか」とは、イワシを干して作った肥料。「しめかす」はイワシの油をしぼりとったかすのこと。これも肥料になりました。

そこで、紀伊（和歌山県）や和泉（大阪府）の漁師たちはイワシを獲るために各地に出かけて行きました。玖波でも寛文年間（1661～1672）に紀伊から平次という者がやってきて、より大量に獲ることができる紀州網の漁法を伝えたといわれています。

イワシ網の大船による「おしこみ」という祭り行事（昭和30年代）

句碑「毳につつみてぬくし鴨の足」

元禄2（1689）年3月27日、芭蕉は曾良を伴って「奥の細道」の旅に発ちます。そして8月には旅を終えています。ここに刻まれた芭蕉の句は元禄6（1693）年の冬に詠まれましたものですから、芭蕉、死の1年程前ということになります。

この句が作られたときは江戸に戻っていた時期と考えられ、俳諧七部集の「続猿蓑《ぞくさるみの》」の中におさめられています。毳（けごろも）とは、鳥の羽毛、さらに鳥の羽毛で製した衣服のことを言います。芭蕉の死後、門人や、同好の人たちによって、全国各地に句碑が建てられました。これもそのひとつです。芸備地方の俳句会の隆盛をしのぶことができます。

街道沿いに芭蕉の句碑が立っています

一国一城令に先立って消えた亀居城

江戸幕府が大名統制のために出したものに「一国一城令」があります。慶長19（1614）年10月の大阪冬の陣、つづいて翌年5月の大阪夏の陣で豊臣秀頼を自害に追い込み、豊臣氏を滅ぼしました。

これにより徳川家康は名実ともに天下の覇者となったのです。家康は大名統制を強化します。大阪夏の陣から2カ月後、「一国一城令」は出されました。大名の武力を弱め、幕府の大名統制を容易にするためです。さらに翌月には「武家諸法度」が発令され、大名は幕府の許可なしでは城の修理すらできなくなりました。一国一城令によって壊された城は近畿以西で約400はあるといわれています。

ここ亀居城は、慶長16（1611）年、一国一城令に先立って廃止されました。本丸・二の丸・三の丸・松の丸など多数の郭があり、六間四方三層の天守閣まで設けられた城は、あの福島正則によって築かれました。慶長8（1603）年から慶長13（1608）年の完成まで5年をかけて造られた城は、3年間の短い命しかもたなかったことになります。

街道らしい町並みが続きます

コース 17

苦の坂入口から木野川の渡しまで

広島県内の「西国街道を歩こう！」は苦の坂を越えて、木野川の渡しで終わります。本来ならコース⑯の中に入る行程なのですが、苦の坂が通行できないため、大竹駅前を通って大きく迂回しなければなりません。そこで迂回路のご案内として、コース⑰をつくりました。コース⑯に続けて歩いてしまってもよいのですよ。

184～189ページ

おすすめポイント

JR大竹駅前 ◀ 小瀬川 ◀ 薬師寺 ◀ 厳島神社 ◀ 木野川渡し跡 ◀ 大元神社 ◀ 勝池神社 ◀

木野川沿いの道を歩きます。
桜がきれい！

木野川を渡れば山口県。
広島県大竹市はここまで……

交通アクセス

JR大竹駅を起点に木野川の渡しへ。
バスでまた大竹駅へ戻ります。

●JR「大竹駅」
☎0827-53-0022

●バスのお問い合わせ
☎0827-59-2142
（大竹市市民課）

コース17

A

苦の坂入口を迂回し、小瀬川沿いを木野川の渡しへ

JR大竹駅前 ◀ 小瀬川 ◀ 薬師寺 ◀ 厳島神社 ◀ 木野川渡し跡 ◀ 大元神社 ◀ 滕池神社 ◀ 長州戦跡 ◀ 木野川渡し跡

消えた西国街道を探す探歩会メンバー

木野川の渡し場の説明板

春の木野川側……。対岸へは船で渡りました

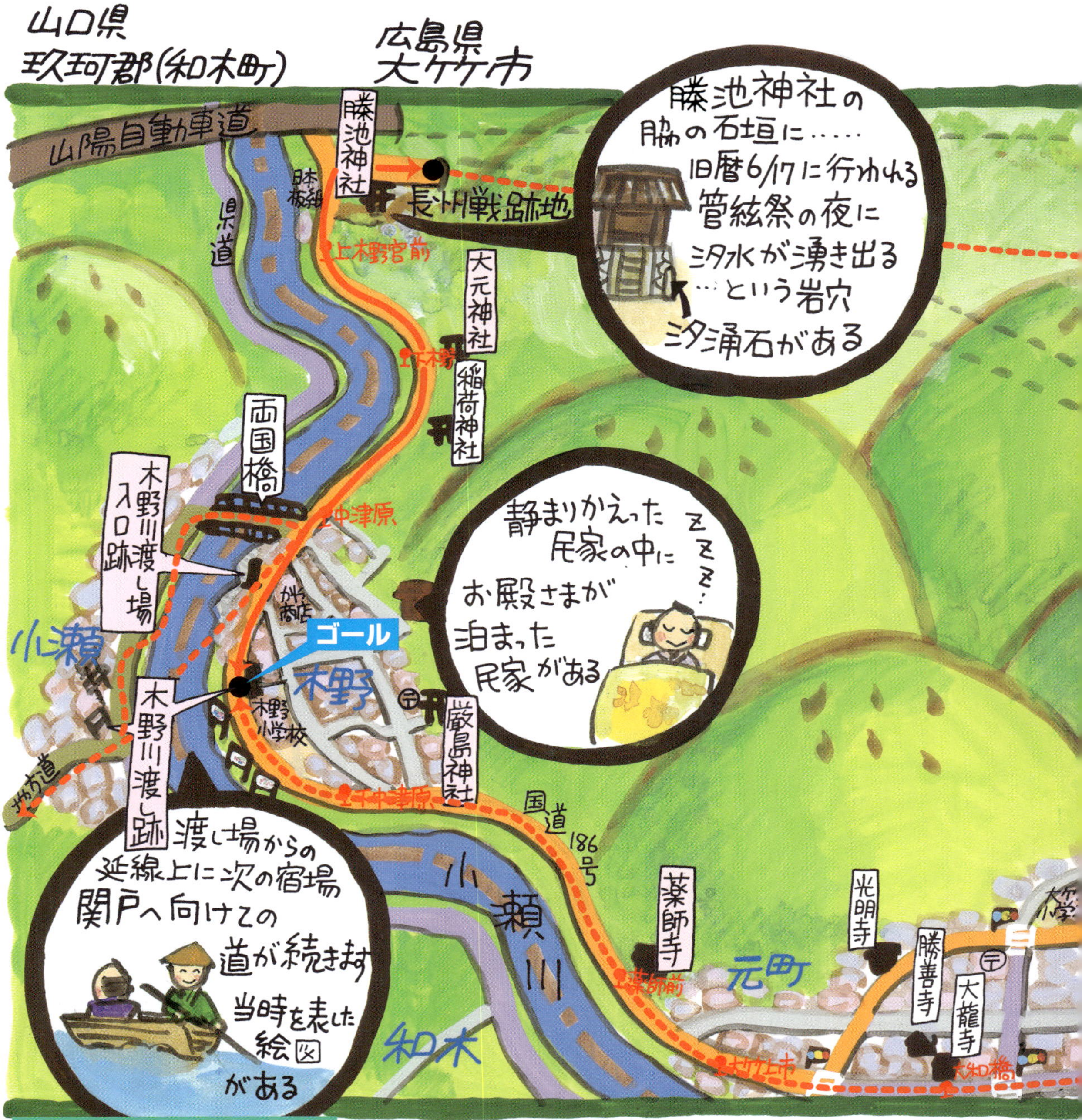

山口県
玖珂郡(和木町)
広島県
大竹市
山陽自動車道
県道
亀池神社
長州戦跡地
上木野宮前
大元神社
下木野
稲荷神社
両国橋
中津原
木野川渡し入口跡
小瀬
ゴール
木野
木野小学校
嚴島神社
木野川渡し跡
下中津原
国道186号
小瀬川
薬師寺
薬師前
元町
光明寺
勝善寺
大龍寺
大竹上市
大和橋
和木
亀池神社の
脇の石垣に……
旧暦6/17に行われる
管絃祭の夜に
汐水が湧き出る
…という岩穴
汐涌石がある
静まりかえった
民家の中に
お殿さまが
泊まった
民家がある
渡し場からの
延線上に次の宿場
関戸へ向けての
道が続きます
当時を表した
絵図
がある

コース⑰ 拡大図-A 苦の坂入口から木野川の渡しまで

苦の坂

ここから坂道をのぼり、木野川《このがわ》のほとりに出れば、川の向こうはもう山口県です。しかしいま、この苦の坂を歩くことはできません。数年前の土砂崩れ、そのまま復旧工事もなされぬまま時が経ち、現在では雑草が道をおおい、ちょっと歩くことができない状況になっています。一昔前までは、大竹の小・中学生が遠足で苦の坂を越え、岩国まで行ったとか……。遠い昔の話になってしまいました。

広島県の西国街道を、西から東へ、もちろん東から西へでもかまいませんが……歩くとき、たったひとつ通ることができない個所がこの苦の坂なのです。歴史散歩道として、とても素敵なとても重要なこの道を歩くことができないのは非常に残念です。大竹市役所にだいぶ前になりますが、お電話して聞いてみましたところ、復旧工事の予定はないというご返事でした。

苦の坂入口

でも、行政ばかりは責められません。せっかく道が通れるようになっても、歩く人がいなければ何にもなりません。私の広島歴史探歩会は毎月、第3の日曜日と月曜日に行われておりますが、お天気の気持ちよい日曜日でも、ほかのグループや人に会うことがほとんどありません。

広島県内の西国街道はすばらしい所がいっぱいです。おひとりでも多くの方が歩いてくださることによって、旧道は守られていくのではないでしょうか。

ちきり大明神（縢池神社）

ちきりとは機織具のことで、漢字で「縢」と書きます。左の国道をさらに北上しますと、岩倉温泉の近くの県道脇に帯掛け明神さまがありますが、この帯掛け明神さまも、ちきり大明神さまも、ともに市杵島姫の伝説地なのです。市杵島姫は宗像三女神のおひとり、九州は筑紫の国からはるばる陸路をここ苦の坂まで来られました。

しかし、2歳の乳のみ子を背負って厳島への旅はたいへんでした。長旅の疲れも出てきたところへ、手には機織具のちきりを持っての坂道なのですから、『えらや苦しやこの苦の坂は金もちきりもいらぬもの』といって、そばの池にちきりを投げてしまわれました。

村人は哀れんで池の畔に小さな祀を建ててお祀りしたと伝えられています。その後、市杵島姫は松ヶ原町の湯船の滝まで歩き、そこで身を清められ、大野町垣の浦で一夜を明かして厳島へ渡ったのでした。

それ以来、木野坂を「苦の坂」とよび、麓の池を「ちきり池」とよぶようになりました。帯掛け明神さまには市杵島姫が休まれた折、子負帯を掛けたという直径2mもの二つ重ねの岩戸があります。

さて、お参りがすみましたら、ご社殿の右に回ってください。汐涌石と書かれています。旧暦6月17日の厳島神社の管絃祭の夜には、この岩穴から汐水が湧き出てくると伝えられています。厳島神社のご祭神・市杵島姫の伝説と里の小さなお社、こんなお話に出合えるから歴史探歩はやめられません。ますます興味が広がっていきます。

ちきり大明神の汐涌石

苦の坂の長州戦

大頭神社でも、四十八坂でも、幕府軍と長州軍が戦った長州の役（長州戦争）の戦跡のお話をいたしましたが、ここ苦の坂も、烈しい砲火・銃撃とともに、刀・剣を握っての接線・白兵戦が烈しく行われたところです。

幕府軍と長州軍が小瀬川（木野川）をはさんで向き合い、合戦への布陣が完了しましたのは、慶応2（1866）年6月13日のことでした。

幕府軍は彦根藩（近江国彦根）の主力部隊と高田藩（越後国高田）の一手を大竹口に配し、側面軍として高田藩の主力を立戸からこの苦の坂に進めました。これに対する長州軍は本藩の一手と岩国藩の主力を幕府正面軍に対置し、本藩の有力な遊撃軍を要所要所に配しての布陣でした。

合戦の火ぶたは14日の明け方、幕府正面軍の先攻によって切られました。苦の坂をめぐる両軍の攻防はそれはそれは激しいものだったと伝えられています。勝敗は長州軍の勝ち、幕府正面軍は退路も断たれ総崩れとなりました。一藩の武力の前に幕府軍が敗北したことは、時期を同じくして全国的に激発した百姓一揆や打ちこわしに、幕府が何ら対処できなかったことと相まって幕府権力が崩壊に瀕していることを明白なものとしてしまいました。

これ以後、薩摩・長州の両藩を中心とする倒幕の運動は急速な進展を見せていったのです。

長州の役戦跡・苦の坂入口（木野川側）

木野川《このがわ》の渡し

木野川の渡し場跡まで来ますと、気持ちのよい河原が広がります。そして、とても丁寧な解説板が私たちに木野川の渡しを説明してくれます。ゆっくり読んでください。渡しというのですから、当然橋はなく舟で渡ったその渡し場の跡なのです。

木野村《このむら》（広島県）と小瀬村《おぜむら》（山口県）から出された渡し守が二人一組で昼夜交替して行い、その費用は芸防両国で負担しました。江戸時代、幕府は街道をさえぎる大きな河川に橋をかけることを禁止しました。

東海道でも皆さんおなじみの「箱根八里は馬でも越すが、越すに越されぬ大井川」の大井川をはじめ、安倍川、酒匂川《さかわ》と旅人は蓮台《れんだい》や人足の肩車によって川を渡らなければなりませんでした。とても不便なことではありましたが、軍事的な意味、また治安維持の役目を果たすためにとられた方法でした。

木野川の渡し場の町並み

往時が偲ばれます、静かに流れる木野川

ひげの梶さん歴史文学探歩会とは
＜催行レパートリー・充実の302コース＞

すべてのコースを梶本晃司がお話しながら歩く、史跡めぐりを中心とした歴史探歩の会です。ただ歩くのみの会ではなく、また史料のみを追いかける会でもありません。訪ねた土地の食べものによろこび、訪ねた土地の人との出会いに感動し、訪ねた土地の史跡に往時をしのぶ、歴史をテーマに旅に遊ぶ会です。

参加メンバーは20代から80代まで、地域も東京都・神奈川県・千葉県・埼玉県を中心に福島県・秋田県・石川県・広島県と各地に拡がっています。特に広島県には広島メンバーの会があり、毎月定例の探歩会が開催されています。

＜参加に条件はありますか＞

わくわく、どきどき感動する心をお持ちの方なら誰でもお気軽にメンバーになれます。

＜メンバーには定員がありますか＞

実は平成11年8月15日をもって、いったん締め切っておりましたが、本書の読者の方でいっしょに歩いてみたいという方がおられましたらメンバー枠を拡大してお受けいたします。

メンバー定員があるなんてわがままで申し訳ないのですが、なにしろ梶本ひとりで解説して歩く会ですので限界があります。どうぞお許しください。

＜メンバーになるための費用はどのくらいですか＞

入会金はありません。毎月お送りする「はがき通信」その他のご案内の郵便代として、年会費3000円を納めていただいております。

探歩会への参加は回数チケット1枚を当日いただきます（1枚2500円で4枚綴り計1万円になっています）。

なお、泊りの探歩会のときは宿泊代等合わせて、事前にお振込みいただく参加費が設定されます。

＜どんなコースがありますか＞

なにしろ、302コースもありますので、この誌面ではご紹介できません。ご興味おありの方は「ひげの梶さん歴史文学探歩会事務局」まで、返信用の切手140円分と読者シール（帯折り返し部分）を同封の上、お申し込みください。

探歩会催行コース一覧と催行予定表をお送りします。入会申し込み書も入れておきますね。

ひげの梶さん歴史文学探歩会事務局
〒190−0012　東京都立川市曙町3−7−14−402
TEL042−540−0405　FAX042−540−0108

月ごとに探歩コースが拡がる
広島メンバーの歴史探歩会
（すべて日帰りコースです）

❶神の島・宮島歴史探歩（その①） 厳島神社への道	❾あなた潮待ち、わたしゃあなた待ち 鞆の浦歴史探歩（その②） 室町時代以降編
❷ 神の島・宮島歴史探歩（その②） 雨の博奕尾越え	❿ 坂の町・海の町 尾道歴史探歩（その①）
❸神の島・宮島歴史探歩（その③） 陶軍の最期	⓫今日も心あたたまる風景に出会いたい！ 尾道歴史探歩（その②）
❹地御前みちを歩く	⓬三原ご城下歴史探歩 山すその寺々を訪ねて……
❺広島ご城下を歩く（その①） 国泰寺の変遷	⓭ 古高山城と新高山城 ～小早川家の2つの山城を訪ねる～
❻広島ご城下を歩く（その②） 不動院から二葉の里	⓮毛利氏のルーツを訪ねて 郡山城と毛利元就
❼広島ご城下を歩く（その③） お城と寺町物語	⓯ 賑わい御手洗 その光と影を訪ねる
❽あなた潮待ち、わたしゃあなた待ち 鞆の浦歴史探歩（その①） 室町時代まで編	⓰安芸の小京都・竹原にあそぶ
	⓱岩国歴史探歩 ～岩国藩吉川家墓所を中心に～

ひげの梶さんと**西国街道を歩こう！**
広島県内は、広島ご城下元安川の道路元標を基点に東へ、西へと全15コースに分けて催行しています。

■ 地元の人たちが中心になってつくった「西国街道散策地図」

西国街道散策地図は、地域の人たちが中心になってつくった広島県内のガイドマップで、現在、東広島、廿日市市、海田町・安芸区・府中町の3エリア（下記参照）のマップがあります。

・「西国街道散策地図——西条よっかいち」	お問い合わせ	東広島市観光協会	☎0824-20-0310
・「西国街道散策地図——かいたいち・船越・府中」	お問い合わせ	海田町企画部企画課	☎082-823-9212
		広島市安芸区役所 市民部区政振興課	☎082-822-3131
		府中町環境部環境保全課	☎082-286-3244
・「西国街道散策地図——はつかいち」	お問い合わせ	廿日市市観光協会	☎0829-31-5656

ひげの梶さんのプロフィール

梶本 晃司
（かじもと・こうじ）

1947年、神奈川県生まれ。学生時代からはじめた歴史探歩の会は、すでに30余年。催行回数も2000回に達しようとしています。現在では、ともに発見や出会いのよろこびを味わいたいという願いから、国宝（厳島神社）、国の重要文化財（宮島千畳閣・金沢城石川門・能登時国家など）を舞台としたイベントの企画や作詞・演出の分野にまで、その活動は拡がっています。また、地域における新しいテーマ型観光のおこしや活性化、さらには、出会い・発見・感動をめざした学校行事にも取り組み、各地でユニークな企画づくりに携わり、アドバイザーを務めています。

東京を中心とした「ひげの梶さん歴史探歩会」には、特に広島メンバーの会があり、毎月第3土・日・月を原則として定例会と定め、広島県内および近県で歴史探歩会を開催しています。「西国街道を歩こう」も、そのコースの中のひとつに入っています。著書に『誰も気づかなかった　鎌倉を歩こう!』『利家とまつを歩こう!』（いずれも南々社）。

イラストを描いた人のプロフィール

蒲田 知美
（かまだ・さとみ）

1962年、広島県生まれ。画家。京都でテキスタイル・デザイナーを経て、帰広。現在は宮島で制作活動中。ニューヨーク、フランスなどで現代アートなどの作品を多数発表。92年にJICAA-N.Y展の奨励賞を受賞。

今回の取材に際し、元安川そばの元標（広島市）から海田市までの道のりを小学2年生の甥と一緒に歩きました。その甥にとって、ふだん当たり前のアスファルト道が特別な「宝物の道」に意識が変わったようです。先人の方々がいろいろな思いを馳せてきた、この歴史街道を少しでも多く残してもらいたいですね……。

著書に『誰も気づかなかった　鎌倉を歩こう!』『イラストで歩く　広島の山へ行こう!』『イラストで歩く　関西の山へ行こう!』『利家とまつを歩こう!』（いずれも南々社）。

●編集協力／桂 寿美江
●編集アシスタント／橋口 環　黒田 白美
●装幀・本文デザイン／村本 奈美

ひげの梶さん 歴史文学探歩シリーズ❸
ひげの梶さんと西国街道を歩こう! 広島県内コース

2003年5月8日　初版 第1刷

＜著　者＞梶本 晃司（文・写真）・蒲田 知美（イラスト）
＜発行者＞西元 俊典
＜発行所＞有限会社　南々社
〒732−0048　広島市東区山根町27-2
TEL. 082·261·8243　FAX. 082·261·8647
振替　01330-0-62498
＜印刷製本所＞産興株式会社
※定価はカバーに表示してあります。

ISBN4-931524-15-X